MEINE COOKING CHEF

Kreative Küche mit Johann Lafer

KENWOOD
CREATE MORE

VORSPEISEN & SNACKS

SUPPEN & EINTÖPFE

ZWISCHENGERICHTE & VEGETARISCHES

FISCH & MEERESFRÜCHTE

FLEISCH & GEFLÜGEL

DESSERTS & MEHLSPEISEN

KUCHEN, TORTEN & GEBÄCK

BASISREZEPTE

JOHANN LAFER & DIE COOKING CHEF

UND PROFI-KOCHEN WIRD GANZ EINFACH

Johann Lafer und Kenwood präsentieren mit der Kenwood Cooking Chef eine Premium-Küchenmaschine, die in jedem Haushalt täglich eingesetzt werden kann – wer sie besitzt, möchte nicht mehr auf sie verzichten.

Die Erfolgsgeschichte begann schon im Jahr 1947, als der Brite Kenneth Wood beschloss, unter dem Markennamen Kenwood elektrische Küchenkleingeräte herzustellen: Von Anfang an konstruierte er Maschinen höchster Qualität, die in jedem Haushalt für enorme Arbeitserleichterung sorgten. Seine erste Kenwood Chef Küchenmaschine stellte er 1950 in London vor – sie war nach einer Woche vergriffen und begründete den exzellenten Ruf der Firma. Die stetige Weiterentwicklung dieses Modells, das inzwischen in über hundert Ländern der Welt verkauft wird, führte zu einem weiteren Highlight: Die Kenwood Cooking Chef vereint alle Vorzüge der Kenwood Küchenmaschinen – Zuverlässigkeit, moderne Funktionen, erstklassige Qualität – mit einem innovativen Induktionskochfeld unter der Rührschüssel. Nun können Sie rühren und garen gleichzeitig!

Diese Kombination schätzen auch Profi-Köche weltweit. Der Sterne-Koch Johann Lafer ist einer von ihnen. Er ist so begeistert, dass er seit 2010 Markenbotschafter für die Kenwood Cooking Chef ist. Sie kommt in seiner Restaurantküche wie in der Johann-Lafer-Kochschule Table d'Or täglich zum Einsatz, und natürlich steht auch in seiner privaten Küche eine Cooking Chef. Denn sie ist zum Kochen für viele Personen genauso geeignet wie für den Privathaushalt, für den täglichen Hausgebrauch genauso wie für kulinarisch anspruchsvolle Anlässe.

Die Cooking Chef macht Profi-Kochen einfach: Haben Sie sich noch nie an eine Zabaione gewagt, wollen Sie Schokolade perfekt zu einem glänzenden Guss schmelzen, ein Risotto cremig auf den Punkt garen, ohne ständig umrühren zu müssen? Das alles erledigt die Cooking Chef für Sie. Sie ist für diffizile Aufgaben bestens gerüstet – einfache beherrscht sie natürlich auch.

Mit dem integrierten Induktionskochfeld rührt und kocht die Cooking Chef gleichzeitig, bei Temperaturen von 20 bis 140 °C mit bis auf 2 °C genau kontrollierbarer Hitze.

Ein auf die Sekunde einstellbarer Timer sorgt für perfektes Garen auf den Punkt.

Die innovativen Intervall-Rührstufen nehmen Ihnen das kontrollierte Umrühren ab – Sie haben Zeit für anderes und die Cooking Chef gibt Ihnen die Sicherheit, dass alles gelingt.

Neben den klassischen Aufgaben einer Küchenmaschine wie Kneten, Schlagen, Rühren, Mixen, Reiben, Raspeln, Schneiden kann die Cooking Chef dank des Induktionskochfelds und der innovativen Rührelemente nun auch: Teig gehen lassen, Schokoladen temperieren, feine Saucen wie Hollandaise und Eimassen aufschlagen ohne Wasserbad, Dampfgaren, Dünsten mit automatischer Umrührfunktion und vieles mehr.

Dank einer Maximaltemperatur von 140 °C kann die Cooking Chef Fleisch und Gemüse anbraten.

Johann Lafer macht aus seiner Begeisterung für die Cooking Chef keinen Hehl – er hat für das Cooking Chef Kochbuch über 70 Rezepte eigens für die Zubereitung in der Küchenmaschine kreiert. Vom sanft pochierten Vitello Tonnato, einer schaumigen Maronensuppe und perfekt gegartem Risotto Milanese – „all'onda" wie die Italiener sagen: cremig und doch mit Biss – über eine zarte confierte Lachsforelle oder ein saftiges Rindergulasch nach steirischer Art – die Cooking Chef macht es möglich, dass alles ganz einfach gelingt und schmeckt wie aus der Sterneküche. Und für Lafers heimliche Leibgerichte, seine beliebten Mehlspeisen, sind die Schlag-, Knet- und Warmhaltefunktionen bestens geeignet: So entstehen süße Hefeteige für Mohnbuchteln, salzige für knusprige Pizza und schaumige Massen für das berühmte steirische Kürbiskernparfait.

Mit der Kenwood Cooking Chef zieht bei Ihnen zu Hause die Sterneküche ein!

LAFER
KENWOOD
KENWOOD
COOKING CHEF
MAJOR

since 1994
KENWOOD
88.
COOKING CHEF
MAJOR

VORSPEISEN & SNACKS

KENWOOD
CREATE MORE

Zubereitungszeit:
45 Minuten

ZUTATEN

Für 4 Portionen

500 g fest kochende Kartoffeln
300 ml Geflügelfond
300 g weißer Spargel
(dicke Stangen)
500 g Fleischwurst oder Lyoner
1 Bund Schnittlauch
8-10 Radieschen
2-3 EL Weißweinessig
2 EL süßer Senf
4 EL Sonnenblumenöl
Salz, Pfeffer
Gartenkresse zum Bestreuen

Benötigtes Zubehör:
Multi-Zerkleinerer
Dampfgarsieb

1. Die Kartoffeln schälen und im Multi-Zerkleinerer mit dicker Schneidscheibe (Nr. 5) in Scheiben schneiden. Mit dem Geflügelfond in die Rührschüssel der Cooking Chef geben.

2. Den Spargel schälen, holzige Enden wegschneiden. Spargelstangen in das Dampfgarsieb legen und dieses auf die Kartoffeln in die Rührschüssel setzen. Mit eingesetztem Spritzschutz bei 140 °C, Intervallstufe 3, 12 Minuten garen. In der Zwischenzeit die Wurst pellen und in dünne Scheiben schneiden. Schnittlauch waschen, trocken tupfen und in Röllchen schneiden. Radieschen putzen, waschen und im Multi-Zerkleinerer mit der feinen Schneidscheibe (Nr. 4) hobeln.

3. Den Spargel aus dem Dampfgarsieb nehmen und schräg in Scheiben schneiden. Die Kartoffeln samt Sud in eine große Schüssel füllen. Spargelscheiben, Fleischwurst, Radieschen und Schnittlauch zugeben.

4. Essig, Senf und Öl zugeben. Den Salat vorsichtig durchmischen und mit Salz und Pfeffer abschmecken. Die Kresse abbrausen, trocken tupfen und vor dem Servieren über den Salat streuen.

KARTOFFEL-SPARGEL-SALAT

MIT RADIESCHEN UND FLEISCHWURST

Zubereitungszeit: 30 Minuten + 30-60 Minuten Abtropfen + mindestens 3 Stunden Kühlen

ZUTATEN

Für 4 Portionen

5-6 sehr reife Fleischtomaten
2-3 Zweige Basilikum
2 Zweige Thymian
2 Knoblauchzehen
3 Blatt Gelatine
1 EL Gin
Salz, Cayennepfeffer
150 g geschlagene Sahne

Benötigtes Zubehör:
Glas-Mixaufsatz
Profi-Ballonschneebesen

TIPP

Vor dem Servieren 80 g Rucola und 12 Kirschtomaten waschen und trocken tupfen. Rucola in mundgerechte Stücke zupfen und auf dem Tomatenschaum anrichten. Kirschtomaten halbieren. Eine kleine rote Zwiebel schälen, fein hacken und mit dem Flexi-Rührelement in der Rührschüssel bei 120 °C in 2 EL Olivenöl kurz andünsten. 1 EL Balsamico bianco, 1 EL Zucker, Salz und Pfeffer unterrühren. 250 g ausgelöste, gegarte Garnelen und die Tomaten darin kurz erwärmen und lauwarm um den Tomatenschaum verteilen.

1. Tomaten waschen, grob zerkleinern – dabei den grünen Stielansatz entfernen – und mit den gewaschenen Kräutern und dem Knoblauch in den Glas-Mixaufsatz füllen. 3- bis 4-mal die Impulstaste drücken, sodass die Tomaten sehr grob gehackt, aber nicht püriert werden. Die Tomatenmischung in die Rührschüssel der Cooking Chef füllen und bei 140 °C, Intervallstufe 3, 1-2 Minuten aufwallen lassen.

2. Ein Küchensieb mit einem Passiertuch oder einem feinen Leinen- oder Mulltuch auslegen und über eine Schüssel oder einen Topf hängen. Das Tomatenpüree einfüllen und den Saft 30-60 Minuten ablaufen lassen.

3. Die Gelatine 5 Minuten in kaltem Wasser einweichen. Den Profi-Ballonschneebesen in die Küchenmaschine einsetzen. Gelatine aus dem Wasser nehmen und zusammen mit dem Gin in die Rührschüssel geben. Bei 90 °C, Geschwindigkeitsstufe 1, die Gelatine auflösen.* Von dem aufgefangenen Tomatensaft 250 ml abmessen und zur Gelatine in die Rührschüssel geben. Bei maximaler Geschwindigkeitsstufe 10 Minuten schaumig schlagen. Die geschlagene Sahne mit einem Teigspatel unterheben.

4. Vier Portionsringe (Höhe 3 cm, ø 7,5 cm) auf eine mit Backpapier ausgelegte Platte stellen. Den Tomatenschaum in die Ringe füllen, glatt streichen und mindestens 3 Stunden oder über Nacht kühl stellen. Zum Servieren die Ringe auf Portionsteller stürzen, die Ringe abziehen.

* Sobald die Temperatur 60 °C übersteigt, wird die Maschine den Rührvorgang wegen der eingebauten Sicherheitsfunktion kurz unterbrechen. Durch Drücken der P-Taste können Sie den Rührvorgang sofort fortsetzen.

WEISSER TOMATENSCHAUM

ZUTATEN

Für 4-6 Portionen

Für den Sud:
Etwa 1 kg Kalbsnuss oder -rücken, ohne Haut und Sehnen
400 ml Kalbsfond
4-5 Gewürznelken
3 Lorbeerblätter
1 Zwiebel
1 Knoblauchzehe
3-4 Wacholderbeeren
1 EL weiße Pfefferkörner

Für die Sauce:
185 g abgetropfter Thunfisch, im eigenen Saft
3 Sardellenfilets
2 Eigelb
2 EL kleine Kapern
2 EL Weißweinessig
1 EL Zitronensaft
150 ml Olivenöl

Zum Servieren:
1 Bio-Zitrone
100 g Kapernfrüchte
Eventuell etwas Brunnenkresse zum Garnieren

Benötigtes Zubehör:
Glas-Mixaufsatz

1. Das Fleisch mit Küchengarn binden. Den Kalbsfond mit 1,5 l Wasser in die Rührschüssel der Cooking Chef füllen. Gewürznelken und Lorbeerblätter zugeben. Zwiebel und Knoblauch abziehen und grob hacken, Wacholderbeeren und Pfefferkörner etwas andrücken, und alle Gewürzzutaten zugeben. Spritzschutz einsetzen und den Sud bei 140 °C, Intervallstufe 3, aufkochen lassen. Das Fleisch in den Sud legen. Es muss vollständig von Flüssigkeit bedeckt sein, eventuell noch etwas Wasser zugießen. Das Fleisch etwa 1 Stunde bei 70 °C, Intervallstufe 3, mit eingesetztem Spritzschutz pochieren.

2. Das Fleisch herausnehmen, auf einen Teller legen und mit Küchenkrepp abgedeckt etwa 2 Stunden im Kühlschrank ruhen lassen. Die Bio-Zitrone waschen und abtrocknen. Mit einem Sparschäler die Schale sehr dünn abschälen und mit einem scharfen Messer in feinste Streifen schneiden. Die Kapernfrüchte abtropfen lassen. Die Brunnenkresse verlesen, waschen und trocken tupfen.

3. In der Zwischenzeit die Sauce zubereiten. Dafür Thunfisch, Sardellenfilets, Eigelbe, Kapern, Essig und Zitronensaft in den Glas-Mixaufsatz füllen und bei maximaler Geschwindigkeitsstufe pürieren. Nach etwa 30 Sekunden bei laufendem Püriervorgang das Öl in einem dünnen Strahl zugießen. Die Sauce bis zum Gebrauch kalt stellen.

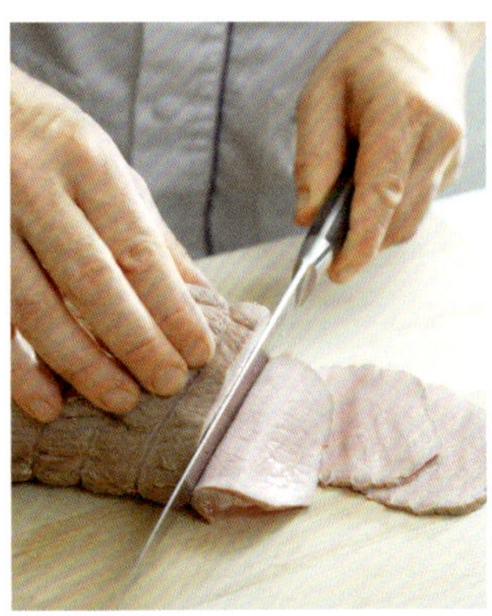

4. Das Fleisch aus dem Kühlschrank nehmen, das Küchengarn entfernen. Fleisch mit einem scharfen Messer in 3-5 mm dicke Scheiben schneiden. Auf eine Platte legen und mit einem Teil der Thunfischsauce überziehen. Mit feinen Zitronenschalenstreifen, Kapernfrüchten und Brunnenkresse dekorieren und servieren. Die restliche Thunfischsauce separat dazu reichen.

VITELLO TONNATO

Zubereitungszeit: 40 Minuten

ZUTATEN
Für 4 Portionen

8 mittelgroße Strauchtomaten
2 Zweige Minze
2 Schalotten
2 Knoblauchzehen
1 Salatgurke
100 g Feta
4 EL Olivenöl
200 g Bulgur
50 ml Balsamico bianco
400 ml Gemüsefond
3-4 EL Pinienkerne
Salz, Pfeffer
1 TL Zimt
2-3 EL Olivenöl zum Beträufeln
2 EL brauner Zucker und Meersalz zum Bestreuen

Benötigtes Zubehör:
Flexi-Rührelement

1. 3 l Wasser in die Rührschüssel der Cooking Chef füllen und mit eingesetztem Spritzschutz bei 140 °C zum Kochen aufstellen. In der Zwischenzeit die Strauchtomaten waschen. Die Minze waschen und trocken tupfen, die Blätter abzupfen und fein schneiden. Schalotten und Knoblauchzehen schälen und fein hacken. Die Gurke schälen, längs halbieren und mit einem Teelöffel die Kerne auskratzen. Gurke in kleine Würfel schneiden. Feta zerkrümeln.

2. Sobald das Wasser kocht, die Tomaten kreuzweise einritzen und 30 Sekunden im heißen Wasser blanchieren. Mit einem Schaumlöffel herausnehmen und kalt abschrecken.

3. Das Flexi-Rührelement einsetzen. 3 EL Olivenöl in die leere Rührschüssel geben. Schalotten und Knoblauch darin 1-2 Minuten bei 120 °C, Intervallstufe 2, anschwitzen. Bulgur zugeben und den Spritzschutz einsetzen. Mit Balsamico bianco ablöschen, den Gemüsefond angießen. Bei 100 °C, Intervallstufe 2, 8 Minuten garen.

4. In der Zwischenzeit die Tomaten häuten. Den oberen Teil wie einen Deckel abschneiden, und die Tomaten mit einem Löffel vorsichtig aushöhlen. Gurke, Pinienkerne, Feta und Minze in eine Schüssel geben. Gegarten Bulgur untermischen. Mit Salz, Pfeffer und etwas Zimt abschmecken. Bulgursalat in die Tomaten füllen, Deckel wieder auflegen. Die gefüllten Tomaten mit Olivenöl beträufeln und mit braunem Zucker, Meersalz und Pfeffer bestreuen.

STRAUCHTOMATEN

MIT BULGUR-SALAT-FÜLLUNG

Zubereitungszeit:
40 Minuten
+ 30 Minuten
Abkühlen

ZUTATEN

Für 4 Portionen

3 säuerliche Äpfel (z.B. Boskop)
2 EL Zucker
50 g Butter
Saft von 1 Zitrone
150 ml Apfelwein oder Cidre
100 g Feldsalat
2 Schalotten
4 EL Walnussöl
1 EL Apfelessig
2-3 EL Gemüse- oder Geflügelbrühe
1 EL Honig
Salz, Pfeffer
75 g gehackte Walnusskerne
200 g geräucherte Entenbrust
in dünnen Scheiben

Benötigtes Zubehör:
Koch-Rührelement
Glas-Mixaufsatz
Flexi-Rührelement

1. Äpfel schälen, vom Kerngehäuse befreien und achteln. Zucker, Butter und Zitronensaft in die Rührschüssel der Cooking Chef geben. Das Koch-Rührelement einsetzen.

2. Äpfel und Apfelwein oder Cidre zugeben und die Äpfel bei 120 °C, Intervallstufe 3, 15 Minuten weich kochen.

3. Das Apfelkompott in den Glas-Mixaufsatz füllen und bei maximaler Geschwindigkeitsstufe fein pürieren. Apfelcreme in eine Schüssel umfüllen und im Kühlschrank vollständig auskühlen lassen.

4. Salat putzen, waschen und trocken schleudern. Schalotten schälen, klein würfeln und mit 1 EL heißem Walnussöl bei 120 °C, Intervallstufe 3, in der Rührschüssel mit dem Flexi-Rührelement anschwitzen. Mit Essig und Brühe ablöschen, die Rührschüssel aus der Cooking Chef nehmen und alles abkühlen lassen. Restliches Walnussöl und Honig unterrühren und die Vinaigrette mit Salz und Pfeffer abschmecken. Gehackte Walnusskerne untermischen und die Vinaigrette vorsichtig mit dem Salat mischen. Apfelcreme mit einem Löffel auf Portionsteller verteilen, Salat und Entenbrustscheiben dekorativ darauf anrichten.

APFELCREME MIT FELDSALAT

UND GERÄUCHERTER ENTENBRUST

Zubereitungszeit:
20 Minuten
+ 3 Stunden
Kühlen

ZUTATEN

Für 4 Portionen

150 g Parmesan
4 Blatt Gelatine
250 ml Milch
Salz, Cayennepfeffer
250 g Sahne

Benötigtes Zubehör:
Multi-Zerkleinerer
Profi-Ballonschneebesen

TIPP

Besonders gut harmoniert eine Salatkombination aus süß, salzig und bitter mit der Parmesanmousse, zum Beispiel feine Blattsalate mit karamellisierten Aprikosen oder Pflaumen. Dafür 50 g Rucola und 1 Staude Chicorée putzen, waschen und trocken schleudern. 40 g Pinienkerne nach Belieben in einer Pfanne ohne Fett goldbraun rösten, sie können aber auch ungeröstet verwendet werden. 6 reife Aprikosen oder Pflaumen halbieren, den Stein entfernen. In einer Pfanne 4 EL Butter, 1 EL Zucker und eine halbe in feine Ringe geschnittene Chilischote erhitzen und die Aprikosen darin etwa 1 Minute karamellisieren. Mit 2 EL Balsamico-Essig ablöschen. Salat, Aprikosen und Pinienkerne auf Teller verteilen. Mit der Karamellflüssigkeit beträufeln und die Nocken der Parmesanmousse darauf setzen. Oder die Aprikosen halbieren, und mit Zucker bestreut auf einem Backblech unter dem Backofengrill 1/2 - 1 Minute karamellisieren.

1. Den Multi-Zerkleinerer mit der Raspel-/Parmesanscheibe (Nr. 1) auf die Cooking Chef aufsetzen und den Parmesan darin reiben. Die Gelatine etwa 5 Minuten in kaltem Wasser einweichen.

2. Profi-Ballonschneebesen einsetzen. Milch in die Rührschüssel füllen und mit eingesetztem Spritzschutz bei maximaler Geschwindigkeitsstufe 2 Minuten aufschlagen. Bei laufendem Rührwerk den Parmesan zugeben und etwa 2 Minuten einrühren. Die Temperatur auf 60 °C *stellen und bei maximaler Geschwindigkeitsstufe 4 Minuten verquirlen, bis sich der Käse aufgelöst hat. Die eingeweichte Gelatine aus dem Wasser nehmen, in die Käsemasse geben und bei Geschwindigkeitsstufe 1 gründlich unterrühren, bis sie sich aufgelöst hat. Die Masse mit Salz und Cayennepfeffer abschmecken, in eine Schüssel umfüllen und etwa 30 Minuten im Kühlschrank kalt stellen, bis sie beginnt, leicht zu gelieren.

3. In der gesäuberten, abgekühlten Rührschüssel mit eingesetztem Profi-Ballonschneebesen und Spritzschutz die Sahne auf maximaler Geschwindigkeitsstufe in etwa 1 Minute steif schlagen.

4. Die Sahne mit einem Teigspatel unter die leicht gelierte Parmesancreme heben und in eine große, flache Schüssel füllen. Für mindestens 3 Stunden in den Kühlschrank stellen. Mit einem in heißes Wasser getauchten Esslöffel von der Parmesanmousse Nocken abstechen und mit Salat servieren.

* Sobald die Temperatur 60 °C übersteigt, wird die Maschine den Rührvorgang wegen der eingebauten Sicherheitsfunktion kurz unterbrechen. Durch Drücken der P-Taste können Sie den Rührvorgang sofort fortsetzen.

PARMESANMOUSSE

Zubereitungszeit:
50 Minuten
+ 30 Minuten
Marinieren

ZUTATEN
Für 4 Portionen

Für das Chutney:
2 Saftorangen
2 kleine rote Zwiebeln
1 daumengroßes Stück frischer Ingwer (20 g)
1 kleine rote Chilischote
30 ml Olivenöl
80 g brauner Zucker
50 ml Balsamico bianco
50 g Rosinen
1-2 TL Speisestärke
1 reife Mango
10 Blätter Minze
Salz, weißer Pfeffer

Für die Hähnchenspieße:
250 g Hähnchenbrustfilet
2-3 EL Erdnuss- oder Sesamöl
2 TL rote Thai-Curry-Paste

Benötigtes Zubehör:
Flexi-Rührelement
Dampfgarsieb

TIPP
Im Kühlschrank hält sich das Chutney etwa 2 Wochen.

1. Die Orangen so schälen, dass auch die gesamte weiße Haut entfernt ist und das Fruchtfleisch klein würfeln. Zwiebeln und Ingwer schälen und fein würfeln. Die Chilischote halbieren und entkernen. Schote unter fließendem Wasser abspülen, trocken tupfen und fein würfeln. Das Flexi-Rührelement in die Cooking Chef einsetzen. Das Olivenöl in der Rührschüssel bei 120 °C, Intervallstufe 1, erhitzen. Zwiebeln, Ingwer und Chili darin andünsten. Den Zucker zugeben und etwa 2 Minuten schmelzen lassen. Mit dem Balsamessig ablöschen und 1-2 Minuten weiterrühren, bis sich der Zucker gelöst hat. Orangenwürfel und Rosinen zugeben und etwa 10 Minuten bei 120 °C, Intervallstufe 3, kochen lassen, bis die Flüssigkeit fast verkocht ist. Die Speisestärke mit 3-4 EL Wasser glatt rühren und zugeben. Einmal aufkochen lassen und die Rührschüssel aus der Maschine nehmen.

2. Die Mango schälen. Das Fruchtfleisch vom Stein schneiden und fein würfeln. Minzeblättchen waschen, trocken tupfen und fein hacken.

3. Die Mangowürfel unter das Chutney rühren. Die gehackten Minzeblätter, Salz und Pfeffer unterziehen. Das Chutney in saubere Weckgläser abfüllen und fest verschließen.

4. Für die Hähnchenspieße das Fleisch in schmale Streifen schneiden. Öl und Currypaste verrühren und mit dem Fleisch mischen. 30 Minuten zugedeckt marinieren lassen. In der Rührschüssel der Cooking Chef 1 l Wasser bei 140 °C, Intervallstufe 3, zum Kochen bringen. Das Hähnchenfleisch der Länge nach wellenartig auf Spieße stecken und in das Dampfgarsieb legen. Das Sieb über das kochende Wasser in die Rührschüssel setzen, den Spritzschutz einsetzen und die Spieße etwa 10 Minuten dämpfen.
Mit dem Chutney servieren.

MANGO-ORANGEN-CHUTNEY

MIT SÜSS-SCHARF MARINIERTEN HÄHNCHENSPIESSEN

Zubereitungszeit:
10 Minuten

ZUTATEN

Für 4 Portionen

1 EL Butterschmalz
250 g Geflügelleber
Salz, Pfeffer
100 g Sahne
2 EL Cognac oder Weinbrand
150 g Butter

Benötigtes Zubehör:
Flexi-Rührelement
Glas-Mixaufsatz

TIPP

Die Geflügellebercreme schmeckt hervorragend auf Crostini mit einer fruchtigen Beigabe, zum Beispiel Trauben. Dafür kleine Brotscheiben mit Butter bestreichen und auf ein Backblech setzen, daneben mit Puderzucker bestäubte Trauben legen. Das Blech auf der mittleren Schiene für wenige Minuten bei Grillstufe in den Backofen schieben. Herausnehmen, die Brotscheiben mit Geflügellebercreme bestreichen und mit den karamellisierten Trauben servieren.

1. Das Flexi-Rührelement und die Rührschüssel in die Cooking Chef einsetzen, und bei 140 °C, Intervallstufe 3, 2 Minuten vorheizen. Das Butterschmalz in die Schüssel geben und schmelzen lassen, die Geflügelleber zugeben und 2 Minuten anbraten. Bei laufender Maschine Salz, Pfeffer, Sahne und Cognac zugießen und die Rührschüssel aus der Maschine nehmen.

2. Die weiche Butter in den Glas-Mixaufsatz geben und die gebratene Leber mit der Sahne zugeben. Die Mischung bei maximaler Geschwindigkeitsstufe pürieren.*

3. Die Creme in eine Schüssel umfüllen und mit Salz und Pfeffer abschmecken. Im Kühlschrank erkalten lassen.

* Falls die Maschine noch heiß ist, greift die eingebaute Sicherheitsfunktion. Dann wird die volle Geschwindigkeit erst erreicht, wenn Sie die P-Taste drücken.

GEFLÜGELLEBERCREME

Zubereitungszeit:
60 Minuten
+ 60 Minuten
Ruhen

ZUTATEN

Für 4 Portionen

Für die Füllung:
Frische grüne Blätter von 1 Bund Radieschen
150 g Ziegenfrischkäse
2 gehäufte EL Semmelbrösel
Salz, Pfeffer

Für das Radieschen-Granatapfel-Bett:
1 Bund Radieschen
Ausgelöste Kerne von 1/2 Granatapfel
3 EL Weißweinessig
2 EL Rapsöl
3 EL Grenadinesirup
Kresseblättchen zum Garnieren

Für den Dim-Sum-Teig:
180 g Weizenstärke

Benötigtes Zubehör:
Glas-Mixaufsatz
Multi-Zerkleinerer
Profi-Teighaken
Dampfgarsieb

1. Für die Füllung die Radieschenblätter gründlich waschen, trocken schleudern und mit dem Ziegenfrischkäse in den Glas-Mixaufsatz der Cooking Chef geben. Bei Geschwindigkeitsstufe 3 fein pürieren. Den Mixaufsatz von der Maschine nehmen und mit dem Teigspatel Semmelbrösel, Salz und Pfeffer unterrühren.

2. Für den Salat die Radieschen waschen und putzen. Die feine Schneidscheibe (Nr.4) in den Multi-Zerkleinerer einsetzen und die Radieschen darin hobeln. Mit den Granatapfelkernen in eine Schüssel geben. Für die Marinade Essig, Öl und Sirup mischen und mit Radieschen und Granatapfelkernen vermengen. Marinieren lassen, bis die Dim Sum gegart sind.

3. Für den Teig den Profi-Teighaken in die Cooking Chef einsetzen. In der Rührschüssel bei 140 °C, Intervallstufe 3, 250 ml Wasser zum Kochen bringen. Bei Geschwindigkeitsstufe 3 * die Weizenstärke zugeben und unterrühren. Die Temperatur ausschalten und bei Geschwindigkeitsstufe 5 den Teig 1 Minute kneten.

4. Den Teig aus der Schüssel nehmen und auf der Arbeitsfläche mit den Händen kurz durchkneten, damit er elastisch wird. Den Teig so dünn wie möglich ausrollen, Kreise von etwa 8 cm Ø ausstechen und auf jeden Kreis 1 TL der Füllung geben. Die Kreise zu Halbkreisen zusammenklappen und die Ränder gut festdrücken. In der Rührschüssel 1 l Wasser bei 140 °C, Intervallstufe 3, mit eingesetztem Spritzschutz zum Kochen bringen. Das Dampfgarsieb mit Backpapier auslegen und die Dim Sum darauf setzen. Sobald das Wasser kocht, das Dampfgarsieb mit den Dim Sum über das Wasser in die Rührschüssel setzen und mit eingesetztem Spritzschutz 6-8 Minuten dämpfen. Die Kresse für die Garnitur waschen und trocken tupfen. Die Dim Sum auf dem Radieschen-Granatapfel-Salat servieren und mit Kresseblättchen dekorieren.

* Falls die Maschine noch heiß ist, greift die eingebaute Sicherheitsfunktion. Dann wird die volle Geschwindigkeit erst erreicht, wenn Sie die P-Taste drücken.

DIM SUM

AUF RADIESCHEN-GRANATAPFEL-BETT

SUPPEN & EINTÖPFE

KENWOOD
CREATE MORE

Zubereitungszeit: 35 Minuten

ZUTATEN

Für 4-6 Portionen

3 Schalotten
300 g Petersilienwurzeln
100 g Butter
100 ml Weißwein
500 ml Geflügelbrühe
250 g Sahne
2 Bund Blattpetersilie
Salz, Pfeffer
Saft von etwa 1 Zitrone
Petersilienblättchen zum Garnieren

Benötigtes Zubehör:
Flexi-Rührelement
Koch-Rührelement
Glas-Mixaufsatz

TIPP

Für eine festliche Garnitur Petersilienchips herstellen. Dafür 1-2 Petersilienwurzeln schälen und längs mit dem Sparschäler in dünne Scheibchen schneiden. Die Chips in einem kleinen Topf mit Sonnenblumenöl lichtbraun frittieren, auf Küchenkrepp abtropfen lassen und unmittelbar vor dem Servieren auf die Suppe geben.

1. Schalotten und Petersilienwurzeln schälen und in 1 cm dicke Würfel schneiden. Zusammen mit der Hälfte der Butter in der Rührschüssel der Cooking Chef mit dem Flexi-Rührelement bei 110 °C, Intervallstufe 3, 2-3 Minuten anschwitzen.

2. Maschine aufklappen. Wein, Brühe und Sahne angießen. Das Koch-Rührelement einsetzen, Spritzschutz aufsetzen und die Suppe 10-15 Minuten bei 110 °C, Intervallstufe 3, kochen lassen. In der Zwischenzeit die Petersilie abbrausen, trocken schütteln, Blätter vom Stiel zupfen.

3. Die Suppe in den Glas-Mixaufsatz füllen, Petersilienblätter und restliche Butter zugeben und die Suppe auf maximaler Geschwindigkeitsstufe* 1 Minute fein pürieren. Suppe mit Salz, Pfeffer und Zitronensaft abschmecken. Mit Petersilienblättchen garniert servieren.

* Falls die Maschine noch heiß ist, greift die eingebaute Sicherheitsfunktion. Dann wird die volle Geschwindigkeit erst erreicht, wenn Sie die P-Taste drücken.

PETERSILIENCREMESUPPE

Zubereitungszeit: 40 Minuten

ZUTATEN
Für 4 Portionen

2 Schalotten
50 g Butter
175 g Maronen, geschält und vorgegart
100 ml weißer Portwein
500 ml Geflügelfond
150 g Sahne
Salz, Pfeffer
2 EL geschlagene Sahne
1 EL gehackte Petersilie
150 g geräucherte Entenbrust in dünnen Scheiben

Benötigtes Zubehör:
Koch-Rührelement
Glas-Mixaufsatz

1. Schalotten schälen und fein würfeln. Das Koch-Rührelement in die Cooking Chef einsetzen. Die Butter in die Rührschüssel geben und bei 120 °C, Intervallstufe 3, zerlassen. Die Schalotten zugeben und 2 Minuten anschwitzen.

2. Maronen zufügen und weitere 2 Minuten anschwitzen. Mit Portwein ablöschen. Geflügelfond und Sahne zugeben. Den Spritzschutz einsetzen und die Suppe etwa 15 Minuten kochen lassen.

3. Die Suppe in den Glas-Mixaufsatz füllen und bei maximaler Geschwindigkeit* fein pürieren. Mit Salz und Pfeffer kräftig abschmecken. Die geschlagene Sahne unterheben.

4. Die Suppe in Tassen gießen und mit Petersilie bestreuen. Die Entenbrustscheiben aufrollen und mit Spießen fixieren. Auf die Suppentassen legen und die Suppe servieren.

* Falls die Maschine noch heiß ist, greift die eingebaute Sicherheitsfunktion. Dann wird die volle Geschwindigkeit erst erreicht, wenn Sie die P-Taste drücken.

MARONENSUPPE

MIT GERÄUCHERTER ENTENBRUST

Zubereitungszeit:
40 Minuten

ZUTATEN
Für 4 Portionen

1 mittelgroßer
Hokkaido-Kürbis (etwa 400 g)
2 Schalotten
20 g Ingwer
2 EL Olivenöl
200 ml Orangensaft
400 ml kräftiger Gemüse-
oder Geflügelfond
2 Bio-Orangen
Salz, Pfeffer
1-2 EL halb steif
geschlagene Sahne

Benötigtes Zubehör:
Flexi-Rührelement
Koch-Rührelement
Glas-Mixaufsatz

TIPP
Besonders würzig schmeckt die Suppe, wenn man sie mit Zimt-Croûtons bestreut. Dafür etwa 200 g Weißbrot in Würfel schneiden und auf ein Backblech legen. Den Backofengrill vorheizen, in einem Pfännchen 75 g Butter schmelzen und mit 2 TL Zimtpulver verrühren. Brotwürfel mit der Zimtbutter beträufeln und unter dem heißen Grill unter gelegentlichem Wenden goldbraun rösten.

1. Den Kürbis waschen, Kerne mit einem Löffel auskratzen. Fruchtfleisch samt Schale würfeln. Schalotten und Ingwer schälen und fein würfeln. Das Flexi-Rührelement in die Cooking Chef einsetzen und das Olivenöl in der Rührschüssel bei 120 °C, Intervallstufe 2, erhitzen. Schalotten und Ingwer zugeben und 2 Minuten anschwitzen.

2. Kürbis zufügen und mit aufgesetztem Spritzschutz 3 Minuten anschwitzen.

3. Orangensaft und Fond zugießen und das Koch-Rührelement einsetzen. Spritzschutz einsetzen und die Suppe bei Intervallstufe 3 15-20 Minuten kochen. In der Zwischenzeit von einer Orange mit einem Sparschäler die Schale dünn abschälen und in feine Streifen schneiden. Beide Orangen mit einem scharfen Messer so schälen, dass auch das Weiße der Schale entfernt wird, und die Orangen filetieren. Die Suppe in den Glas-Mixaufsatz füllen.

4. Die Suppe auf Geschwindigkeitsstufe 5 1-2 Minuten pürieren. Mit Salz und Pfeffer kräftig abschmecken und die halb steif geschlagene Sahne unterziehen. Orangenfilets und Schalenstreifen auf vier Suppentassen verteilen. Die Suppe darauf füllen und servieren.

KÜRBIS-ORANGEN-SUPPE

Zubereitungszeit: 40 Minuten

ZUTATEN
Für 4 Portionen

50 g Speck
1 Knoblauchzehe
1 Zwiebel
50 g Butter
400 g mehlig kochende Kartoffeln
750 ml Rinderfond
200 g Sahne
1 EL getrockneter Majoran
Salz, Pfeffer
Geriebene Muskatnuss
Frischer Majoran zum Garnieren

Benötigtes Zubehör:
Koch-Rührelement
Glas-Mixaufsatz

TIPP
Eine besonders feine Einlage veredelt die einfache Kartoffelsuppe: Kräuter-Hähnchen-Klößchen. Sie stellen Sie am besten vor der Suppe her und stellen sie warm. Dafür 125 g Hähnchenbrustfilet würfeln. 1 Bund Petersilie und 1/2 Bund Majoran waschen und die Blättchen abzupfen. Hähnchenfleisch und Kräuter mit 75 g eiskalter Sahne in den Glas-Mixaufsatz geben und bei maximaler Stufe fein pürieren. Mit Salz und Pfeffer abschmecken, 2 EL Schnittlauchröllchen unterrühren. In der Rührschüssel der Cooking Chef 3 l Wasser bei 140 °C, Intervallstufe 3, zum Kochen bringen. Die Temperatur auf 90 °C reduzieren und mit zwei Esslöffeln Klößchen aus der vorbereiteten Farce formen. Im siedenden Wasser 8-10 Minuten ziehen lassen.

1. Speck fein würfeln. Knoblauch und Zwiebel schälen und klein schneiden. Das Koch-Rührelement in die Cooking Chef einsetzen und die Butter in die Rührschüssel geben. Bei 140 °C, Intervallstufe 3, zerlassen. Speck mit Zwiebeln und Knoblauch in der zerlassenen Butter etwa 3 Minuten glasig anbraten.

2. Kartoffeln schälen, würfeln und zu den Zwiebeln in die Rührschüssel geben. Weitere 3 Minuten mitbraten.

3. Spritzschutz einsetzen, Fond und Sahne zugießen, Majoran zufügen und die Suppe etwa 20 Minuten kochen lassen.

4. Die Suppe in den Glas-Mixaufsatz gießen und bei Geschwindigkeitsstufe 5* etwa 1 Minute pürieren. Mit Salz, Pfeffer und geriebener Muskatnuss würzig abschmecken. In Portionsteller verteilen und mit frisch gezupftem Majoran garniert servieren.

* Falls die Maschine noch heiß ist, greift die eingebaute Sicherheitsfunktion. Dann wird die volle Geschwindigkeit erst erreicht, wenn Sie die P-Taste drücken.

KARTOFFELSUPPE
MIT SPECK

Zubereitungszeit:
30 Minuten

ZUTATEN
Für 4-6 Portionen

400 g Karotten
1 Schalotte
20 g frischer Ingwer
50 g Butter
1-2 TL brauner Zucker
2 TL Currypulver
500 ml Gemüsefond
Salz, Pfeffer
Saft von 1 Limette
200 ml ungesüßte Kokosmilch

Benötigtes Zubehör:
Flexi-Rührelement
Koch-Rührelement
Glas-Mixaufsatz

1. Karotten putzen, schälen und in dünne Scheiben schneiden. Schalotte und Ingwer schälen und fein würfeln. Das Flexi-Rührelement einsetzen. Die Butter in die Rührschüssel der Cooking Chef geben und bei 120 °C, Intervallstufe 2, erhitzen. Schalotte, Ingwer und Zucker zugeben und 2 Minuten anschwitzen.

2. Karotten und Currypulver zugeben, Spritzschutz einsetzen und das Gemüse weiter bei 120 °C, Intervallstufe 2, 5 Minuten dünsten.

3. Gemüsefond dazugießen. Koch-Rührelement einsetzen und die Suppe mit Spritzschutz etwa 10 Minuten kochen lassen.

4. Die Suppe in den Glas-Mixaufsatz umfüllen und auf Geschwindigkeitsstufe 4 1-2 Minuten pürieren. Mit Salz, Pfeffer und Limettensaft abschmecken. Die Kokosmilch in einem Töpfchen erhitzen und mit einem Stabmixer schaumig mixen. Die Suppe in Tassen füllen und den Kokosmilchschaum darauf löffeln. Eventuell die Kokosmilch zwischendurch noch einmal aufschäumen.

MÖHREN-INGWER-SÜPPCHEN

MIT KOKOSSCHAUM

1. Gemüsefond mit Weißwein in die Rührschüssel der Cooking Chef füllen und mit eingesetztem Spritzschutz bei 140 °C, Intervallstufe 3, 5 Minuten erhitzen. In der Zwischenzeit Spargel waschen und schälen. Die holzigen Enden wegschneiden. Spargelspitzen abschneiden und längs halbieren. Die Spargelstangen schräg in Scheiben schneiden.

ZUTATEN
Für 4 Portionen

800 ml Gemüsefond
100 ml Weißwein
6 Stangen weißer Spargel
6 Stangen grüner Spargel
2 Bund Schnittlauch
250 g Magerquark
2 Eigelb
50 g weiche Butter
50 g Mehl
Salz, Cayennepfeffer
Etwas Olivenöl zum Servieren

Benötigtes Zubehör:
Dampfgarsieb

2. Spargel in das Dampfgarsieb legen und auf den heißen Gemüsefond setzen. 10 Minuten mit eingesetztem Spritzschutz garen.
In der Zwischenzeit für die Nockerl den Schnittlauch waschen, trocken tupfen und in feine Röllchen schneiden. Mit Magerquark, Eigelben, weicher Butter, Mehl und 1 TL Salz in eine Schüssel geben und verrühren. Das Dampfgarsieb mit dem gegarten Spargel herausnehmen, den Spargel warm stellen.

3. Aus der Quarkmasse mit zwei Esslöffeln Nockerl formen und in die heiße Brühe einlegen. Dabei die Löffel immer wieder in kaltes Wasser tauchen. Die Nockerl bei 75 °C je nach Größe 8-10 Minuten ziehen lassen.

4. Die Spargelstücke auf tiefe Teller verteilen. Die Nockerl mit einer Schaumkelle aus der Brühe heben und auf die Teller verteilen. Die Brühe mit Salz und Cayennepfeffer abschmecken, nach Belieben noch durch ein feines Sieb gießen und in die Teller geben. Vor dem Servieren die Suppe noch mit etwas Olivenöl beträufeln.

SPARGELBOUILLON

MIT SCHNITTLAUCH-QUARK-NOCKERL

Zubereitungszeit:
30 Minuten

ZUTATEN
Für 4 Portionen

2 Schalotten
1 Knoblauchzehe
2 EL Olivenöl
150 ml Weißwein
400 ml Geflügelfond
250 g Sahne
80 g gemischte Kräuter
(z.B. Petersilie, Kerbel, Schnittlauch, Estragon, Dill, Bärlauch)
4 Scheiben Sandwichtoast
50 g Butterschmalz
75 g Butter
Salz, Pfeffer
5 Eier
Schnittlauchröllchen zum Bestreuen

Benötigtes Zubehör:
Flexi-Rührelement
Koch-Rührelement
Glas-Mixaufsatz

1. Schalotten und Knoblauch schälen, fein würfeln und mit dem Olivenöl in die Rührschüssel der Cooking Chef füllen. Mit dem Flexi-Rührelement bei 120 °C, Intervallstufe 2, 2-3 Minuten anschwitzen.

2. Spritzschutz einsetzen, Weißwein, Fond und Sahne zugießen. Koch-Rührelement einsetzen und die Suppe mit eingesetztem Spritzschutz bei 120 °C, Intervallstufe 3, 5-8 Minuten kochen lassen. In der Zwischenzeit die Kräuter abbrausen, trocken schütteln, Blätter abzupfen und hacken. Brotscheiben entrinden und in einer Pfanne im heißen Butterschmalz von beiden Seiten goldbraun braten, oder die Brotscheiben mit Butterschmalz bestreichen und im Backofen bei 200 °C auf einem Blech etwa 1 Minute rösten. Auf Küchenpapier abtropfen lassen.

3. Die Suppe in den Glas-Mixaufsatz füllen. Kräuter und die Hälfte der Butter zugeben und die Suppe auf maximaler Stufe* etwa 1 Minute pürieren. Mit Salz und Pfeffer abschmecken.

4. Die restliche Butter in die Rührschüssel geben (diese muss vorher nicht gesäubert werden) und bei 75 °C mit dem Flexi-Rührelement bei Intervallstufe 1 zerlassen. Die Eier verquirlen, mit Salz und Pfeffer würzen und zugeben. Bei Intervallstufe 1 die Eier etwa 5 Minuten cremig stocken lassen. Die Suppe eventuell noch einmal aufmixen und in Suppentassen verteilen. Das Rührei auf die gerösteten Brotscheiben verteilen und je ein Crostino auf jeden Tassenrand setzen. Mit Schnittlauch bestreut servieren.

* Falls die Maschine noch heiß ist, greift die eingebaute Sicherheitsfunktion. Dann wird die volle Geschwindigkeit erst erreicht, wenn Sie die P-Taste drücken.

KRÄUTERSCHAUMSUPPE

MIT RÜHREI-CROSTINI

Zubereitungszeit: 50 Minuten

ZUTATEN
Für 4-5 Portionen

1 große Zwiebel
2 Knoblauchzehen
3 Tomaten
2 Karotten
1 Stange Lauch
2 Staudensellerie
1 Wirsing
6 kleine Kartoffeln
200 g grüne Bohnen
150 g Erbsen (TK)
2-3 Stängel Basilikum
1/4 Bund Petersilie
3 Zweige Thymian
2-3 EL Olivenöl
1 l Gemüsefond
150 ml Tomatensaft
150 g Suppennudeln
Salz, Pfeffer
2 EL fein geschnittene Basilikumblättchen zum Bestreuen
Frisch geriebener Parmesan zum Servieren

Benötigtes Zubehör:
Koch-Rührelement

1. 1 l Wasser in die Rührschüssel der Cooking Chef füllen und bei 140 °C, Intervallstufe 3, zum Kochen bringen. Zwiebel und Knoblauch schälen und fein hacken. Die Tomaten kreuzweise einritzen, für etwa 30 Sekunden in das kochende Wasser geben. Tomaten herausnehmen und das Wasser wegschütten. Die Tomaten häuten, vierteln, entkernen und grob würfeln. Das übrige Gemüse putzen, waschen und in mundgerechte Stücke schneiden. Die Kräuter waschen. Olivenöl, Zwiebel und Knoblauch in die Rührschüssel geben, das Koch-Rührelement einsetzen und die Zwiebeln bei 120 °C, Intervallstufe 3, etwa 1 Minute anschwitzen.

2. Tomaten, Karotten, Kartoffeln, Bohnen, Kräuter, Gemüsefond und Tomatensaft zugeben. Mit eingesetztem Spritzschutz bei 120 °C , Intervallstufe 3, 15 Minuten kochen lassen.

3. Restliches Gemüse zugeben und weitere 15 Minuten garen. Die Nudeln entsprechend ihrer Kochzeit (Packungsaufschrift) vor Ende der Garzeit zugeben.

4. Die Kräuter entfernen. Die Minestrone mit Salz und Pfeffer abschmecken und mit Basilikum bestreut servieren. Frisch geriebenen Parmesan separat dazu servieren.

MINESTRONE

ITALIENISCHER GEMÜSEEINTOPF

Zubereitungszeit:
20 Minuten
+ 45 Minuten
Garen

ZUTATEN
Für 4 - 6 Portionen

500 g große milde Zwiebeln
50 g Butter
1 EL Zucker
1 dickes Baguettebrot
800 ml Rindsfond
Salz, Pfeffer
150 g Emmentaler Käse

Benötigtes Zubehör:
Multi-Zerkleinerer
Koch-Rührelement

1. Zwiebeln schälen und halbieren. Die feine Schneidscheibe (Nr. 4) in den Multi-Zerkleinerer einsetzen und die Zwiebeln in feine Streifen hobeln.

2. Das Koch-Rührelement in die Cooking Chef einsetzen. Die Butter in die Rührschüssel geben und bei 120 °C, Intervallstufe 1, zerlassen. Zwiebelstreifen und Zucker zufügen und auf 100 °C, Intervallstufe 3, zurückschalten. Die Zwiebelstreifen etwa 20-30 Minuten langsam karamellisieren lassen.

3. Während die Zwiebeln schmoren, das Baguettebrot in 8-12 etwa 1 cm dicke Scheiben schneiden. Den Fond zu den Zwiebeln geben und die Suppe bei 140 °C, Intervallstufe 3, 5-8 Minuten kochen lassen. Den Backofengrill auf höchste Stufe vorheizen.

4. Die Rührschüssel aus der Küchenmaschine nehmen. Die Zwiebelsuppe mit Salz und Pfeffer kräftig abschmecken und in vier bis sechs Suppentassen füllen. Den Käse im Multi-Zerkleinerer mit grober Raspelscheibe (Nr. 3) reiben. Auf jede Suppentasse 2-3 Baguettescheiben legen und dick mit Käse bestreuen. Die Suppentassen in den Backofen stellen und unter dem Grill etwa 5 Minuten überbacken.

FRANZÖSISCHE ZWIEBELSUPPE

Zubereitungszeit: 60 Minuten + etwa 1 Stunde 20 Minuten Kochen + mindestens 5 Stunden Kühlen

ZUTATEN
Für 4 Portionen

Für die Gnocchetti:
1 Töpfchen Basilikum
250 g Ricotta
2 Eigelb
50 g geriebener Parmesan
80 g Mehl
Salz, Pfeffer
1 EL Olivenöl

Für die Tomaten-Essenz:
3 Schalotten
2 Knoblauchzehen
2 EL Olivenöl
1 kg sehr reife Tomaten, grob zerkleinert
2-3 Lorbeerblätter
1 TL Pfefferkörner, grob zerstoßen
800 ml Geflügelfond
400 g Rinderhackfleisch aus der Wade (Rinderhesse),
150 g Wurzelgemüse (Karotten, Sellerie, Lauch)
2 EL Tomatenmark
2 Eiweiß
Salz, Cayennepfeffer

Zum Garnieren:
Olivenöl
1 Tomate
Einige Basilikumblättchen

Benötigtes Zubehör:
Glas-Mixaufsatz
Koch-Rührelement

1. Für die Ricotta-Gnocchetti das Basilikum abzupfen, waschen, trocken tupfen und mit Ricotta und Eigelben in den Glas-Mixaufsatz geben. Die Mischung fein pürieren, mit geriebenem Parmesan und Mehl verrühren und mit Salz und Pfeffer abschmecken. Die Masse in einen Spritzbeutel mit glatter Tülle oder einen Gefrierbeutel füllen, von dem man eine Spitze abschneidet. In der Rührschüssel 3 l Salzwasser bei 140 °C, Intervallstufe 3, zum Kochen bringen. Die Ricottamasse in kleinen Nocken in das kochende Wasser drücken, dabei die Nocken mit einem Messer oder einer Schere abschneiden, diese dabei immer wieder ins heiße Wasser tauchen. Die Temperatur auf 90 °C reduzieren und die Nocken etwa 3 Minuten garen, bis sie an die Oberfläche steigen. Die Nocken mit einem Schaumlöffel herausnehmen, in einer Schüssel mit 1 EL Olivenöl vermischen und abgedeckt beiseite stellen.

2. Schalotten und Knoblauchzehen schälen und in Würfel schneiden. Das Koch-Rührelement in die Cooking Chef einsetzen. Olivenöl, Schalotten und Knoblauch in die Rührschüssel füllen und 2-3 Minuten bei 140 °C, Intervallstufe 3, andünsten. Tomaten, Lorbeerblätter und Pfefferkörner zugeben.

3. Den Geflügelfond angießen und bei 105 °C etwa 30 Minuten kochen lassen. Die Schüssel aus der Maschine nehmen und die Tomaten darin vollständig abkühlen lassen.

4. Rindfleisch in eine Schüssel geben. Das Wurzelgemüse waschen, putzen und in sehr feine Würfel schneiden. Zusammen mit Tomatenmark und den Eiweißen unter das Fleisch mischen. Die Mischung in die kalte Tomatensuppe rühren. Das Koch-Rührelement in die Cooking Chef einsetzen und die Suppe bei 120 °C, Intervallstufe 3, mit Spritzschutz langsam zum Kochen bringen. Wenn die Mischung nach etwa 10 Minuten zu kochen beginnt, die Maschine öffnen, das Koch-Rührelement entfernen und die Mischung mit Spritzschutz bei 70-80 °C etwa 30-40 Minuten ziehen lassen. Nicht mehr rühren!
Die Suppe durch ein mit einem Leinen- oder Mulltuch ausgelegtes Sieb gießen. Für die Garnitur die Tomate waschen, halbieren und entkernen. Das Fruchtfleisch in Würfel schneiden. Tomatenessenz nochmals erhitzen, mit Salz und Cayennepfeffer würzig abschmecken. Die Gnocchetti zum Erhitzen in die Essenz geben. In Portionsteller verteilen, mit Olivenöl beträufeln und mit Tomatenwürfeln und Basilikum bestreut servieren.

KLARE TOMATENESSENZ

MIT RICOTTA-BASILIKUM-GNOCCHETTI

since 1994
KENWOOD
COOKING CHEF
MAJOR

ZWISCHENGERICHTE & VEGETARISCHES

KENWOOD
CREATE MORE

Zubereitungszeit:
60 Minuten

ZUTATEN

Für 4 Portionen

2 Schalotten
1 Knoblauchzehe
50 g Butter
2 EL Mehl
75 ml Weißwein
100 ml Geflügelfond
150 g Sahne
Salz, Pfeffer
Geriebene Muskatnuss
200 g Spinat
Etwa 40 g Trüffelbutter
4 Eier
Fleur de Sel und Pfeffer zum Servieren

Benötigtes Zubehör:
Flexi-Rührelement
Glas-Mixaufsatz
Dampfgarsieb

TIPP

Der Spinat schmeckt auch gut, wenn man ihn mit normaler Butter statt Trüffelbutter zubereitet. Wer allerdings den Trüffelgeschmack noch verstärken will, der beträufelt das fertige Gericht vor dem Servieren noch mit Trüffelöl.

1. Schalotten und Knoblauch schälen und fein würfeln. Das Flexi-Rührelement in die Cooking Chef einsetzen und die Butter in die Rührschüssel geben. Bei 140 °C, Intervallstufe 3, erhitzen, und Schalotten und Knoblauch darin anschwitzen. Mit Mehl bestäuben und 30 Sekunden anschwitzen. Mit Weißwein ablöschen. Fond und Sahne angießen. Bei 105 °C 15 Minuten kochen lassen. Mit Salz, Pfeffer und Muskatnuss kräftig würzen.

2. In der Zwischenzeit den Spinat waschen, putzen und grob schneiden. Den Spinat in die Rührschüssel geben und 1 Minute zusammenfallen lassen.

3. Die Trüffelbutter und den gewürzten Spinat in den Glas-Mixaufsatz füllen und bei maximaler Geschwindigkeit kurz und nicht ganz fein pürieren. * Die Spinatmasse in vier Portionsgläser mit Deckel verteilen.

4. In der Rührschüssel 1 l Wasser mit eingesetztem Spritzschutz bei 140 °C, Intervallstufe 3, zum Kochen aufstellen.
Auf jede Spinatportion ein rohes Ei gleiten lassen. Deckel auf die Gläser aufsetzen und die Gläser in das Dampfgarsieb stellen. Das Sieb über das kochende Wasser in die Rührschüssel setzen und das Gericht 15 Minuten mit eingesetztem Spritzschutz im Dampf garen. Zum Servieren die Eier mit Fleur de Sel und Pfeffer bestreuen.

* Falls die Maschine noch heiß ist, greift die eingebaute Sicherheitsfunktion. Dann wird die volle Geschwindigkeit erst erreicht, wenn Sie die P-Taste drücken.

EI AUF GETRÜFFELTEM CREMESPINAT

Zubereitungszeit:
1 Stunde 20 Minuten
+ 1 Stunde Kühlen

ZUTATEN
Für 4-6 Portionen

2 Eier
250 g griffiges Mehl
Salz
200 g Spinat
1 Zwiebel
2 Knoblauchzehen
2 EL Olivenöl
250 g Ricotta
4 EL Semmelbrösel
Pfeffer
1 EL Rapsöl
300 g Hokkaido-Kürbis (geputzt gewogen)
Etwa 150 ml Gemüsefond
50 g Butter
Mehl für die Arbeitsfläche

Benötigtes Zubehör:
K-Haken
Flexi-Rührelement
Glas-Mixaufsatz

TIPP
Besonders fein schmeckt dieses Gericht, wenn man etwas mit Balsamico bianco gemischtes Kürbiskernöl um das Püree träufelt und mit gerösteten Kürbiskernen bestreut. Die Maultaschen mit brauner Butter und gebratenen Zwiebelringen garnieren.

1. Den K-Haken in die Cooking Chef einsetzen. Eier, Mehl, 2 EL Wasser und etwas Salz in die Rührschüssel geben und bei Geschwindigkeitsstufe 2-3 zu einem glatten, geschmeidigen Nudelteig kneten. Diesen in Folie wickeln und 1 Stunde kühl stellen.

2. Spinat waschen, gut abtropfen lassen oder trocken schleudern und grob hacken. Zwiebel und Knoblauch schälen und fein hacken. Das Flexi-Rührelement in die Cooking Chef einsetzen und das Olivenöl bei 140 °C, Intervallstufe 3, in der Rührschüssel erhitzen. Zwiebel und Knoblauch zugeben und 1-2 Minuten anschwitzen. Den Spinat zugeben und mit eingesetztem Spritzschutz 1 Minute zusammenfallen lassen.
Ricotta und Semmelbrösel in eine Schüssel geben und den Spinat daruntermischen. Die Masse mit Salz und Pfeffer würzig abschmecken.

3. Den Nudelteig auf der mit Mehl bestäubten Arbeitsfläche zu Bahnen von 30 x 15 cm dünn ausrollen. Die Spinatmasse etwa 5 mm dick darauf streichen. Nudelteig von der Längsseite her aufrollen, sodass eine lange, etwa 2-3 cm dicke Wurst entsteht. Diese mit dem runden Stiel eines Kochlöffels im Abstand von 3-4 cm bis unten kräftig eindrücken und mit einem Teigrad durchtrennen. Es sollen etwa 12 Maultaschen entstehen. Maultaschen nebeneinander auf eine Platte legen und kühl stellen.

4. Das Flexi-Rührelement in die Cooking Chef einsetzen und das Rapsöl bei 120 °C in der Rührschüssel erhitzen. Kürbis würfeln und im heißen Öl 2-3 Minuten anschwitzen. Den Fond dazugießen, den Spritzschutz einsetzen und den Kürbis in etwa 10 Minuten weich garen. Kürbis und Butter in den Glas-Mixaufsatz füllen und bei maximaler Geschwindigkeitsstufe* fein pürieren. Bei Bedarf noch etwas Fond zugeben. Das Püree mit Salz und Pfeffer abschmecken.
In der Rührschüssel bei 140 °C, Intervallstufe 3, 3 l Wasser zum Kochen bringen und salzen. Die Maultaschen einlegen, die Temperatur auf 110 °C reduzieren und die Maultaschen etwa 5 Minuten garen. Mit einem Schaumlöffel herausheben und auf dem Kürbispüree servieren.

* Falls die Maschine noch heiß ist, greift die eingebaute Sicherheitsfunktion. Dann wird die volle Geschwindigkeit erst erreicht, wenn Sie die P-Taste drücken.

SPINAT-RICOTTA-MAULTASCHEN

AUF KÜRBISCREME

Zubereitungszeit:
30 Minuten
+ 20 Minuten
Kochen

ZUTATEN

Für 4 Portionen

2 rote Paprikaschoten
400 ml Gemüsebrühe
1 TL Zucker
2 EL Paprikapulver, edelsüß
1 TL Paprikapulver, rosenscharf
1 Zwiebel
600 g fest kochende Kartoffeln
50 g Butter
600 g weißer Spargel
(dicke Stangen)
1 TL Speisestärke,
mit etwas kaltem Wasser angerührt
Salz, Pfeffer
1 EL Ajvar (Paprikapaste aus dem Glas)
1-2 EL gehackte Petersilie

Benötigtes Zubehör:
Glas-Mixaufsatz
Koch-Rührelement

TIPP

Besonders fein wird das Gulasch, wenn man das Paprikapüree am Ende von Schritt 1 durch ein Haarsieb passiert und nur die reine Paprikaessenz weiterverarbeitet.

1. Paprikaschoten waschen, halbieren, von Samen und weißen Trennwänden befreien und in grobe Stücke schneiden. Zusammen mit Gemüsebrühe, Zucker und Paprikapulver in den Glas-Mixaufsatz der Cooking Chef geben und sehr fein pürieren. Beiseite stellen.

2. Die Zwiebel schälen und fein hacken. Kartoffeln schälen, in grobe Stücke schneiden und mit Zwiebeln und Butter in die Rührschüssel geben. Das Koch-Rührelement einsetzen und die Kartoffeln bei 140 °C, Intervallstufe 3, etwa 10 Minuten andünsten. In der Zwischenzeit den Spargel waschen, schälen und die holzigen Enden abschneiden. Spargel in 3-4 cm lange Stücke schneiden.

3. Paprikapüree und Spargelstücke zugeben und die Temperatur auf 130 °C reduzieren. Das Gulasch weitere 15-20 Minuten kochen lassen, bis die Spargelstücke gar, aber noch bissfest sind.

4. Einige Minuten vor Ende der Garzeit die angerührte Speisestärke zugeben. Das Gulasch mit Salz, Pfeffer und Ajvar abschmecken. Mit Petersilie bestreut servieren.

KARTOFFEL-SPARGEL-GULASCH

Zubereitungszeit: 45 Minuten

ZUTATEN

Für 4 Portionen

300 ml frisch gepresster Orangensaft
1-2 Schalotten
1 Knoblauchzehe
1 Zweig Orangenthymian
2 Zweige Estragon
1 Prise Safran
8 schwarze Pfefferkörner
1 kg weißer Spargel (dünne Stangen)
4 Eigelb (Größe M)
250 g weiche Butter
Salz, Cayennepfeffer
Saft von 1 Zitrone
1-2 EL abgeriebene Schale einer Bio-Orange

Benötigtes Zubehör:
Dampfgarsieb
Profi-Ballonschneebesen

1. Orangensaft in die Rührschüssel der Cooking Chef geben. Schalotten und Knoblauch schälen und fein würfeln. Die Kräuterzweige waschen. Die Estragonblätter abzupfen, fein schneiden und beiseite legen. Thymianzweig, Estragonstängel, Safran und Pfefferkörner zum Orangensaft geben und alles bei 140 °C, Intervallstufe 3, zum Kochen bringen.

2. In der Zwischenzeit die Spargelstangen waschen, schälen, holzige Enden abschneiden und die Stangen mit einem schrägen Schnitt halbieren. Spargel in das Dampfgarsieb legen und dieses über den Sud in die Rührschüssel setzen. Den Spritzschutz einsetzen, auf 120 °C zurückschalten und den Spargel etwa 8 Minuten dämpfen. Spargel herausnehmen und warm stellen.

3. Den aromatisierten Orangensaft durch ein Sieb gießen, die Aromaten (Gewürze, Schalotten etc.) entfernen. Den Orangensaft wieder in die Rührschüssel füllen und abkühlen lassen, bis er nur noch lauwarm ist. Die Eigelbe dazugeben. Den Profi-Ballonschneebesen einsetzen und die Mischung bei Geschwindigkeitsstufe 6 zu einer dick-cremigen Schaummasse aufschlagen. Dabei die Temperatur zunächst für 1 Minute auf 40 °C stellen, für 1 Minute auf 60 °C*, für 2 Minuten auf 80 °C. Auf Geschwindigkeitsstufe 5 zurückschalten, nach und nach die weiche Butter in Stückchen zufügen und 1 Minute weiter aufschlagen.

4. Die Hollandaise mit Salz, Cayennepfeffer und Zitronensaft abschmecken. Fein geschnittene Estragonblättchen und abgeriebene Orangenschale zugeben und sofort zum Spargel servieren.

* Sobald die Temperatur 60 °C übersteigt, wird die Maschine den Rührvorgang wegen der eingebauten Sicherheitsfunktion kurz unterbrechen. Durch Drücken der P-Taste können Sie den Rührvorgang sofort fortsetzen.

»ZWISCHENGERICHTE & VEGETARISCHES«

GEDÄMPFTER SPARGEL

MIT ORANGEN-HOLLANDAISE

Zubereitungszeit:
25 Minuten
+ 30 Minuten
Gar- und Ruhezeit

ZUTATEN

Für 4 große oder
8 kleine Portionen

Für das Gemüse:
Je 1/2 rote und gelbe
Paprikaschote
2 junge Karotten
200 g vorwiegend fest kochende Kartoffeln
Je 100 g Kohlrabi, Blumenkohl,
Brokkoli, Erbsen (eventuell TK)
50 g Butter
Salz, Zucker

Für den Guss:
4-5 Zweige Thymian
1-2 Knoblauchzehen
80 g Parmesan
100 g Sahne
Salz, Pfeffer
Geriebene Muskatnuss
3 Eier
2 Eigelb

Butter für die Form
Gehobelten Parmesan
zum Servieren

Benötigtes Zubehör:
Koch-Rührelement
Glas-Mixaufsatz
Dampfgarsieb

1. Gemüse waschen und putzen bzw. schälen. Paprika, Karotten, Kartoffeln und Kohlrabi in kleine Stücke schneiden. Blumenkohl und Brokkoli in Röschen teilen. Die TK-Erbsen auftauen lassen. Die Butter in die Rührschüssel der Cooking Chef geben und bei 140 °C, Intervallstufe 1, schmelzen. Das Koch-Rührelement einsetzen. Vorbereitetes Gemüse mit je 1 Prise Salz und Zucker zugeben und 5 Minuten mit eingesetztem Spritzschutz dünsten lassen. Koch-Rührelement entfernen.

2. Für den Guss den Thymian waschen, trocken tupfen und die Blättchen abstreifen. Knoblauch schälen und fein hacken, den Parmesan reiben. Alle Zutaten für den Guss in den Glas-Mixaufsatz füllen und bei maximaler Geschwindigkeitsstufe* etwa 30 Sekunden glatt mixen.

3. Eine Tarteform (Ø 20 cm) buttern und mit Backpapier auskleiden. Das Gemüse gleichmäßig in der Form verteilen und den Guss darüber gießen. 1 l Wasser in die Rührschüssel füllen und bei 140 °C, Intervallstufe 3, zum Kochen aufstellen.

4. Die Tarteform in das Dampfgarsieb stellen, über das kochende Wasser in die Rührschüssel setzen und bei 140 °C, Intervallstufe 3, etwa 10 Minuten mit Spritzschutz dämpfen. Den Klappdeckel der Einfüllöffnung öffnen und weitere 10 Minuten garen. Die Tarteform herausnehmen und den Flan 10 Minuten ruhen lassen. Die Tarte mit einem kleinen Messer am Rand entlang aus der Form lösen und in Stücke schneiden. Mit grob gehobelten Parmesanspänen servieren.

* Falls die Maschine noch heiß ist, greift die eingebaute Sicherheitsfunktion. Dann wird die volle Geschwindigkeit erst erreicht, wenn Sie die P-Taste drücken.

GEDÄMPFTER PARMESAN-GEMÜSE-FLAN

ZUTATEN
Für 4 Portionen

Für das Pesto:
100 g Parmesan
3 Knoblauchzehen
100 g Pinienkerne
150 g frisches Basilikum
200 ml mildes Olivenöl
Meersalz, Pfeffer

Für die Nudeln:
3 EL Olivenöl
500 g Penne
(oder andere Nudeln nach Belieben)
300 ml Gemüsefond

Benötigtes Zubehör:
Multi-Zerkleinerer
Glas-Mixaufsatz
Koch-Rührelement

TIPP
Durch das Rösten gewinnen die Pinienkerne an Aroma. Wenn es schnell gehen muss, können Sie die Kerne aber auch ohne vorheriges Anrösten verarbeiten.

1. Die Raspelscheibe (Nr. 1) in den Multi-Zerkleinerer einsetzen und den Parmesan reiben. Knoblauch schälen und in grobe Würfel schneiden. Pinienkerne nach Belieben in einer Pfanne ohne Fett goldbraun rösten, dabei öfter umrühren. Die Kerne können aber auch ungeröstet verwendet werden. Abkühlen lassen. Basilikum abbrausen und trocken tupfen. Die Blätter von den Stielen zupfen und grob hacken.

2. Knoblauch, Pinienkerne, Basilikum und Olivenöl in den Glas-Mixaufsatz füllen und bei Geschwindigkeitsstufe 3-4 zu einem nicht zu feinen Püree mixen.

3. Ausschalten, die Hälfte des Parmesans zugeben und zweimal den Funktionsschalter für leichtes Unterheben drücken, damit der Käse nur kurz unter das Pesto gerührt wird. Das Pesto mit Salz und Pfeffer abschmecken.

4. Für die Penne Manolo das Koch-Rührelement einsetzen, das Olivenöl in die Rührschüssel füllen und bei 120 °C, Intervallstufe 3, kurz erhitzen. Nudeln und Gemüsefond dazugeben und aufkochen lassen. Auf 100 °C zurückschalten und nach und nach 300 ml Wasser zugießen. Die Nudeln in etwa 15 Minuten (bzw. je nach Packungsaufschrift) bissfest garen. 2 EL Pesto kurz unterziehen. Die Nudeln auf Portionsteller verteilen. Das restliche Pesto und die zweite Hälfte des geriebenen Parmesans separat dazu servieren.

PENNE MANOLO AL PESTO

Zubereitungszeit:
45 Minuten

ZUTATEN
Für 4 Portionen

2 Schalotten
2 Knoblauchzehen
50 ml Olivenöl
250 g Risottoreis
(z.B. Avorio, Carnaroli, Vialone)
150 ml Weißwein
700 ml Geflügelfond
1 TL Safranfäden
80 g Parmesan
50 g kalte Butter
Salz, Pfeffer

Benötigtes Zubehör:
Flexi-Rührelement

1. Schalotten und Knoblauch schälen und fein würfeln. Das Flexi-Rührelement in die Cooking Chef einsetzen. Das Olivenöl in die Rührschüssel geben und bei 100 °C, Intervallstufe 1, erhitzen. Schalotten und Knoblauch darin 1 Minute andünsten.

2. Den Reis bei laufendem Rührwerk zufügen und glasig dünsten.

3. Den Spritzschutz einsetzen. Das Risotto mit Weißwein ablöschen und den Geflügelfond zugießen.

4. Safranfäden zerbröseln und zugeben. Das Risotto bei 100 °C, Intervallstufe 2, 15-18 Minuten garen. In der Zwischenzeit 60 g Parmesan fein reiben. Nach etwa 15 Minuten einige Reiskörner probieren und je nach Geschmack und gewünschter Konsistenz noch etwas garen. Optimal soll das Reiskorn außen weich sein und innen einen leicht bissfesten Kern haben. Unmittelbar vor dem Servieren den geriebenen Parmesan und die kalte gewürfelte Butter unterrühren. Das Risotto mit Salz und Pfeffer würzen und auf vier tiefe Teller verteilen. Den restlichen Parmesan mit einem Sparschäler fein hobeln und darüber streuen.

RISOTTO MILANESE

Zubereitungszeit:
30 Minuten
+ 30 Minuten
Kochen

ZUTATEN

Für 4 Portionen

Für das Meerrettichpüree:
75 g frischer Meerrettich (geschält gewogen)
600 g mittelgroße mehlig kochende Kartoffeln
75 g Butter
100 ml Milch
100 g Sahne
Salz, Pfeffer
Geriebene Muskatnuss

Für die Rote Bete:
400 g kleine bis mittelgroße Rote Bete
2 Schalotten
2 EL Rapsöl
2 EL Walnussöl
2-3 EL Himbeeressig
Salz, Pfeffer
150 g zarte Salatblätter (z.B. Baby-Rote-Bete-Blätter)
2 EL gehackte Kürbiskerne

Benötigtes Zubehör:
Multi-Zerkleinerer
Dampfgarsieb
Flexi-Rührelement

TIPP

Als Garnitur passen dazu kross gebackene Zwiebelringe.

1. Den Meerrettich im Multi-Zerkleinerer mit feiner Raspelscheibe (Nr.2) fein reiben. Beiseite stellen.

2. In der Rührschüssel der Cooking Chef bei 140 °C, Intervallstufe 3, 1 l Wasser mit den Rote Bete zum Kochen bringen.

3. In der Zwischenzeit die Kartoffeln schälen, halbieren und in das Dampfgarsieb legen. Sobald das Wasser kocht, das Dampfgarsieb über die Rote Bete in die Rührschüssel setzen. Den Spritzschutz aufsetzen und die Kartoffeln bei 140 °C etwa 30 Minuten garen.

4. Kartoffeln und Rote Bete herausnehmen. Das Flexi-Rührelement in die Cooking Chef einsetzen. In der Rührschüssel für das Püree Butter, Milch und Sahne bei 140 °C, Intervallstufe 3, erhitzen. Meerrettich und gedämpfte Kartoffeln zugeben und die Temperatur auf 100 °C reduzieren. Die Mischung 6-8 Minuten zu Püree verarbeiten und mit Salz, Pfeffer und Muskatnuss würzen. In der Zwischenzeit die Roten Beten schälen und in dünne Scheiben schneiden. Die Schalotten schälen, fein würfeln und mit Raps- und Walnussöl, Himbeeressig, Salz und Pfeffer mischen. Die Rote-Bete-Scheiben damit vermengen. Salatblätter waschen und trocken tupfen. Rote-Bete-Scheiben auf Tellern auslegen, das Püree darauf verteilen. Salatblätter mit dem restlichen Dressing vermischen und zusammen mit den Kürbiskernen auf dem Püree verteilen.

MEERRETTICHPÜREE

AUF MARINIERTER ROTER BETE

Zubereitungszeit:
30 Minuten
+ 15 Minuten
Gratinieren

ZUTATEN

Für 4 Portionen

Für die Polenta-Gnocchi:
250 ml Milch
Salz, Pfeffer
Geriebene Muskatnuss
100 g Butter
100 g Polentagrieß
50 g frisch geriebener Parmesan
1 Ei

Für die Paprika-Lauch-Sauce:
2 EL Olivenöl
2 kleine rote Chilischoten
250 ml Gemüsefond
100 g Ajvar (Paprikapaste aus dem Glas)
150 g Sahne
1 Stange Lauch (200 g)
1-2 TL Speisestärke

Zum Gratinieren:
50 g geriebener Bergkäse

Benötigtes Zubehör:
Flexi-Rührelement

1. Das Flexi-Rührelement in die Cooking Chef einsetzen. Die Milch für die Polenta in die Rührschüssel füllen und bei 105 °C und minimaler Geschwindigkeitsstufe zusammen mit Salz, Pfeffer, Muskatnuss und Butter erhitzen. Die Geschwindigkeit auf Stufe 1-2 erhöhen und den Polentagrieß einrieseln lassen. Etwa 2 Minuten unter ständigem Rühren ausquellen lassen. Geriebenen Parmesan und Ei zugeben und 1 Minute unterrühren, bis der Parmesan geschmolzen ist.

2. Die Polenta in eine Schüssel umfüllen, glatt streichen und ruhen lassen, bis die Sauce zubereitet ist.

3. Für die Paprika-Lauch-Sauce das Flexi-Rührelement in die Cooking Chef einsetzen und 2 EL Olivenöl bei 120 °C, Intervallstufe 3, in der Rührschüssel erhitzen. Die Chilischoten waschen, trocken tupfen, halbieren und entkernen. Die Chili fein würfeln und in dem heißen Olivenöl anschwitzen. Den Gemüsefond, Ajvar und Sahne zugeben und die Sauce etwa 10 Minuten kochen lassen. In der Zwischenzeit den Lauch putzen, waschen und schräg in Scheiben schneiden. Die Maschine auf 110 °C, Intervallstufe 2, schalten. Die Speisestärke mit 3-4 EL Wasser glatt rühren und in die Sauce einrühren. Den Lauch in die kochende Sauce geben, 1 Minute darin dünsten, und die Rührschüssel aus der Maschine nehmen. Die Sauce in eine Gratinform füllen. Den Backofen auf 200 °C vorheizen.

4. Aus der Polenta mit Hilfe von zwei Esslöffeln Nocken formen und diese auf die Paprikasauce setzen. Mit dem geriebenen Bergkäse bestreuen und im vorgeheizten Backofen etwa 15 Minuten gratinieren.

SCHARFES GRATIN

MIT POLENTA-GNOCCHI UND LAUCH

Zubereitungszeit: 45 Minuten + 15-20 Minuten Kochen

ZUTATEN
Für 4 Portionen

1 große Zwiebel
2-3 Knoblauchzehen
Je 2 gelbe und 2 rote Paprikaschoten
2 reife Eiertomaten
250 g Zucchini
250 g Auberginen
75-100 ml Olivenöl
250 g passierte Tomaten (Packung)
150 ml Gemüsefond
2 Zweige Rosmarin
3-4 Zweige Thymian
3-4 Stängel Oregano
3 Stängel Basilikum
2 Salbeiblätter
1-2 EL Ajvar
(Paprikapaste aus dem Glas)
Salz, Pfeffer

Benötigtes Zubehör:
Flexi-Rührelement
Koch-Rührelement

1. Zwiebel und Knoblauch schälen und fein hacken. Das Gemüse waschen, putzen und in grobe Stücke schneiden. Das Flexi-Rührelement in die Cooking Chef einsetzen. 4 EL Olivenöl, Zwiebel und Knoblauch in die Rührschüssel geben und bei 140 °C, Intervallstufe 1, 2 Minuten anschwitzen.

2. Paprikastücke zugeben und 5 Minuten bei Intervallstufe 3 garen.

3. Zucchini-, Auberginen- und Tomatenstücke zugeben. Das Koch-Rührelement einsetzen. Passierte Tomaten und Gemüsefond zugeben. Bei 140 °C, Intervallstufe 3, 8 Minuten garen. In der Zwischenzeit die Kräuter waschen und trocken tupfen. Die Blättchen bzw. Nadeln abzupfen und fein schneiden.

4. 2 Minuten vor Ende der Garzeit die vorbereiteten Kräuter zugeben. Mit Ajvar und dem restlichen Olivenöl verfeinern und mit Salz und Pfeffer würzig abschmecken.

RATATOUILLE

KENWOOD
COOKING CHEF
MAJOR

FISCH & MEERESFRÜCHTE

KENWOOD
CREATE MORE

Zubereitungszeit: 45 Minuten

ZUTATEN

Für 4 Portionen

Für den Fisch:
4 Lachsforellenfilets
(à 150 g, mit Haut, ohne Gräten)
Je 1 Zweig Thymian, Rosmarin, Petersilie
2 Schalotten
1 Knoblauchzehe
1 Lorbeerblatt
1 l mildes Olivenöl

Für den Kartoffel-Erbsen-Stampf:
100 g Butter
200 g Erbsen (TK)
300 g mehlig kochende Kartoffeln
150 ml Milch
Salz, Pfeffer
Geriebene Muskatnuss

Benötigtes Zubehör:
Multi-Zerkleinerer
K-Haken

TIPP

Dazu einen Salat aus blanchierten Zuckerschoten und Erbsen servieren: Für 4 Personen je 100 g geputzte Zuckerschoten und TK-Erbsen in kochendem Salzwasser 2-3 Minuten garen. Mit einem Dressing aus 2 EL weißem Balsam- oder Estragonessig, Salz, Pfeffer und 3-4 EL vom Confieröl mischen und mit Erbsenkresse garnieren.

1. Das Fischfilet waschen, trocken tupfen und restliche Gräten mit einer Pinzette entfernen. Kräuter waschen. Schalotten und Knoblauch schälen und in Scheiben schneiden. Kräuter und Gewürze in die Rührschüssel der Cooking Chef geben und das Olivenöl einfüllen. Das Öl bei 75 °C, Intervallstufe 3, etwa 15 Minuten erhitzen. Den Fisch einlegen, sodass die Stücke vollständig mit Öl bedeckt sind, und 12-15 Minuten (je nach Größe der Stücke) confieren. Den Fisch aus dem Öl heben und warm stellen.

2. Für den Kartoffel-Erbsen-Stampf die Butter in einem kleinen Topf erhitzen, bis sie hellbraun ist. Man nennt sie nun Nussbutter. Die aufgetauten Erbsen in den Multi-Zerkleinerer füllen, die Nussbutter dazugeben und die Erbsen bei maximaler Geschwindigkeitsstufe in 1 Minute pürieren.

3. Die Kartoffeln schälen, in 2 cm große Stücke schneiden und zusammen mit Milch, Salz, Pfeffer und Muskatnuss in die Rührschüssel geben. Den K-Haken einsetzen und die Kartoffeln bei 110 °C, Intervallstufe 2, etwa 5 Minuten kochen. Anschließend das Erbsenpüree zugeben.

4. Den Funktionsschalter für leichtes Unterheben drücken, sodass die Erbsen nur kurz unter den Kartoffelstampf gezogen werden. Das Püree auf Teller verteilen und je 1 confiertes Fischfilet darauf setzen.

CONFIERTE LACHSFORELLE

MIT KARTOFFEL-ERBSEN-STAMPF

Zubereitungszeit: 45 Minuten

ZUTATEN
Für 4 Portionen

Für die Bällchen:
250 g Hähnchenbrustfilet
250 g Riesengarnelen, ohne Schale und Darm
1 getrocknete Chilischote
1 EL Sojasauce
Salz
1-2 TL Currypulver
150 g Basmatireis
Butter für das Sieb

Für den Salat:
3 Stangen Lauchzwiebeln
2 reife Mangos
1 Salatgurke
2-3 EL Reisessig
2 EL Mirin (japanischer Reiswein)
2-3 EL dunkles Sesamöl (von geröstetem Sesam)
2 EL Sojasauce
Salz, Pfeffer
3-4 Zweige Koriandergrün
1-2 Zweige Minze
Etwas japanische Kresse nach Belieben

Benötigtes Zubehör:
Multi-Zerkleinerer
Dampfgarsieb

1. Hähnchenbrust und Garnelen waschen, trocken tupfen und würfeln. Die Chilischote sehr fein hacken und mit Hähnchenfleisch, Garnelen, Sojasauce, etwas Salz und Curry in den Multi-Zerkleinerer der Cooking Chef geben. Alles zu einer feinen Farce pürieren. In der Rührschüssel 1 l Wasser bei 140 °C, Intervallstufe 3, mit Spritzschutz erhitzen.

2. Aus der Farce mit angefeuchteten Händen 12 Bällchen formen. Den rohen Reis in eine flache Schüssel geben und die Bällchen im Reis wälzen.

3. Das Dampfgarsieb mit Butter einpinseln und die Bällchen nebeneinander darauf setzen. Das Sieb über das kochende Wasser in die Rührschüssel setzen und die Bällchen mit eingesetztem Spritzschutz 15 Minuten dämpfen.

4. In der Zwischenzeit für den Salat die Lauchzwiebeln waschen, putzen und schräg in Scheiben schneiden. Die Mangos schälen, das Fruchtfleisch vom Stein schneiden und würfeln. Die Gurke schälen und würfeln. Aus Reisessig, Mirin, Sesamöl, Sojasauce, Salz und Pfeffer ein Dressing rühren und zusammen mit den Salatzutaten in eine Schüssel geben. Koriander, Minze und nach Belieben japanische Kresse waschen, trocken tupfen und die Blättchen grob zupfen. Zum Salat geben, alles vorsichtig mischen und mit den Bällchen servieren.

GARNELEN-REIS-BÄLLCHEN

MIT ASIATISCHEM MANGO-GURKEN-SALAT

Zubereitungszeit: 1 Stunde 10 Minuten

ZUTATEN
Für 4 Portionen

4 große Spitzkohlblätter
300 g fest kochende Kartoffeln
2 Schalotten
2 EL Butterschmalz
150 g braune Berglinsen
100 ml Weißwein
400 ml Kalbsfond
100 g rote Linsen
1 Bund Schnittlauch
1 EL Balsamicoessig
1-2 TL körniger Senf
75 g kalte Butter
Salz, Pfeffer
4 Kabeljaufilets (à 150 g, ohne Haut und Gräten)

Benötigtes Zubehör:
Flexi-Rührelement
Dampfgarsieb

TIPP
Nach Belieben vor dem Servieren noch etwas gebräunte Butter über Fischpäckchen und Gemüse träufeln.

1. In der Rührschüssel der Cooking Chef 2 l Wasser bei 140 °C, Intervallstufe 3, mit Spritzschutz zum Kochen bringen. Die Spitzkohlblätter waschen und im kochenden Wasser 1 Minute blanchieren. Kohlblätter herausnehmen und in Eiswasser abkühlen. Auf Küchenhandtüchern ausbreiten und trocken tupfen.

2. Kartoffeln und Schalotten schälen und klein würfeln. Das Flexi-Rührelement in die Küchenmaschine einsetzen, das Butterschmalz in der Rührschüssel bei 140 °C, Intervallstufe 3, erhitzen. Schalotten und Kartoffeln zugeben und 2 Minuten anschwitzen. Braune Linsen zugeben, kurz anschwitzen und mit Weißwein ablöschen. Die Hälfte des Fonds zugeben und die Linsen mit eingesetztem Spritzschutz 15 Minuten garen. Sobald das Gemüse die Flüssigkeit aufgesogen hat, restlichen Fond zugießen. Rote Linsen zugeben und mit Spritzschutz weitere 8-10 Minuten garen. In der Zwischenzeit den Schnittlauch waschen, trockentupfen und in Röllchen schneiden.
Wenn alle Flüssigkeit aufgebraucht und das Gemüse gar ist, die Rührschüssel aus der Küchenmaschine nehmen. Balsamicoessig, Senf, Butter und die Hälfte des Schnittlauchs untermischen. Gemüse mit Salz und Pfeffer abschmecken und warm halten.

3. In der Rührschüssel 2 l Wasser bei 140 °C, Intervallstufe 3, mit Spritzschutz zum Kochen aufstellen. Den Fisch abbrausen und trocken tupfen. Je ein Fischstück in die Mitte eines Spitzkohlblatts setzen, zunächst die untere Seite, dann die beiden seitlichen Blattränder einschlagen und den Fisch einwickeln.

4. Die Fischpäckchen auf das Dampfgarsieb legen und dieses über das kochende Wasser in die Rührschüssel setzen. Spritzschutz einsetzen und den Fisch bei 140 °C, Intervallstufe 3, 6 Minuten garen. Die Fischpäckchen herausnehmen und auf dem Kartoffel-Linsen-Gemüse mit dem restlichen Schnittlauch bestreut servieren.

KABELJAU IM SPITZKOHLMANTEL

AUF KARTOFFEL-LINSEN-GEMÜSE

Zubereitungszeit:
60 Minuten

ZUTATEN
Für 4 Portionen

Salz
12 große Muschelnudeln
400 g Edelfischfilet (z.B. Zander, Lachs, Saibling)
Pfeffer
Saft von 1/2 Zitrone
2 kleine Fenchelknollen
2 Schalotten
1 Knoblauchzehe
2 EL Olivenöl
1 EL Zucker
1 TL Currypulver
1 TL Safranfäden, mit den Fingern etwas zerrieben
100 ml trockener Weißwein
250 ml Fischfond
150 g Sahne
50 g Butter

Benötigtes Zubehör:
Multi-Zerkleinerer
Dampfgarsieb
Flexi-Rührelement
Glas-Mixaufsatz

1. 2 l Wasser mit etwas Salz in die Rührschüssel der Cooking Chef füllen und bei 140 °C, Intervallstufe 3, mit eingesetztem Spritzschutz zum Kochen bringen. Die Muschelnudeln mit Spritzschutz darin 15 Minuten vorgaren. In ein Sieb abgießen und kalt abbrausen. Während die Nudeln kochen, Fischfilet abbrausen und trocken tupfen. In kleine Würfel schneiden und mit Salz, Pfeffer und Zitronensaft marinieren. Fenchel waschen, putzen und halbieren. Dabei etwas Fenchelgrün zum Garnieren beiseite legen. Die dicke Schneidscheibe (Nr. 5) in den Multi-Zerkleinerer einsetzen und den Fenchel darin in Scheiben hobeln.

2. Die Muschelnudeln mit den marinierten Fischwürfeln füllen und nebeneinander in das Dampfgarsieb setzen. Schalotten und Knoblauch schälen und fein hacken.

3. Das Flexi-Rührelement in die Cooking Chef einsetzen. 2 EL Olivenöl in die Rührschüssel geben und bei 140 °C, Intervallstufe 3, erhitzen. Schalotten und Knoblauch zugeben und 30 Sekunden anschwitzen. Den Fenchel zufügen und 1 Minute anschwitzen. Zucker, Currypulver, Safran, Weißwein, Fischfond und Sahne zugeben. Das Flexi-Rührelement entfernen.

4. Das Dampfgarsieb über den Fenchel in die Rührschüssel setzen und das Gericht mit eingesetztem Spritzschutz bei 130 °C, Intervallstufe 3, 6-8 Minuten garen. Das Dampfgarsieb herausnehmen. Das Fenchelgemüse mit einem Schaumlöffel herausheben und auf Teller verteilen. Die gedämpften Muschelnudeln darauf setzen. Den Fond mit Salz und Pfeffer abschmecken und mit der Butter in den Glas-Mixaufsatz füllen. Kurz schaumig aufmixen* und über Gemüse und Nudeln verteilen. Mit Fenchelgrün garnieren.

* Falls die Maschine noch heiß ist, greift die eingebaute Sicherheitsfunktion. Dann wird die volle Geschwindigkeit erst erreicht, wenn Sie die P-Taste drücken.

GEFÜLLTE MUSCHELNUDELN

AUF RAHMIGEM FENCHEL-SAFRAN-GEMÜSE

Zubereitungszeit: 45 Minuten

ZUTATEN

Für 4 Portionen

2 Schalotten
1 Bund Dill
1 Bund krause Petersilie
4 Saiblingsfilets (ohne Haut und Gräten)
1 TL Butter
1 EL Kapern
2 Sardellenfilets
250 g Mayonnaise (fertig gekauft oder selbst gemacht, siehe Basisrezepte Seite 166)
150 g Crème fraîche
1 Salatgurke
1 Bund Schnittlauch
Salz, Pfeffer
Saft von 1 Zitrone

Benötigtes Zubehör:
Dampfgarsieb
Glas-Mixaufsatz

1. 1 l Wasser in die Rührschüssel der Cooking Chef füllen und bei 140 °C, Intervallstufe 3, mit Spritzschutz zum Kochen aufsetzen. Die Schalotten schälen und in Scheiben schneiden. Dill und Petersilie waschen und trocken tupfen, die Blättchen abzupfen. Dabei einige Kräuterblätter zum Garnieren beiseite legen. Schalotten und Kräuterstängel in die Rührschüssel geben. Die Saiblingsfilets abbrausen und trocken tupfen. Von der kurzen Seite her aufrollen und mit einem Holzspieß feststecken.

2. Den Boden des Dampfgarsiebs mit etwas Butter bepinseln und die Fischröllchen darauf setzen. Das Dampfgarsieb in die Rührschüssel über den kochenden Sud setzen. Den Fisch bei 140 °C, Intervallstufe 3, mit eingesetztem Spritzschutz 8-10 Minuten garen.

3. Kapern und Sardellenfilets hacken und zusammen mit Mayonnaise, Crème fraîche und Kräuterblättchen in den Glas-Mixaufsatz geben. Bei höchster Geschwindigkeitsstufe zu einer glatten Remoulade mixen.

4. Salatgurke schälen, der Länge nach vierteln und die Kerne mit einem Teelöffel auskratzen. Die Gurke in kleine Würfel schneiden. Schnittlauch waschen, trocken tupfen und in feine Röllchen schneiden. Gurkenwürfel und Schnittlauch unter die Remoulade heben. Mit Salz, Pfeffer und Zitronensaft abschmecken. Zum Servieren je 1-2 EL Remoulade auf Portionsteller geben und jeweils 1 Saiblingsröllchen darauf setzen. Mit den beiseite gelegten Kräutern garnieren. Die restliche Remoulade separat dazu servieren.

SAIBLINGSRÖLLCHEN

AUF GURKEN-KRÄUTER-REMOULADE

Zubereitungszeit:
45 Minuten

ZUTATEN

Für 4 Portionen

16 Riesengarnelen
1 feste Mango
1 kleine rote Chilischote
1 Knoblauchzehe
1 daumengroßes Stück Ingwer (20 g)
2 EL Sesamöl
1-2 TL rote Currypaste
1 Prise Kurkuma
150 ml Fischfond
250 ml Kokosmilch
2 EL Sojasauce
1 TL brauner Zucker
1 EL Fischsauce
Saft von 1/2 Limette
2 TL Speisestärke
Salz
Einige Zweige Koriandergrün

Benötigtes Zubehör:
Koch-Rührelement
Flexi-Rührelement

TIPP

Dazu passt gedämpfter Reis, der besonders nussig schmeckt, wenn man ihn mit gerösteten Sesamsamen bestreut.

1. Riesengarnelen abspülen, trocken tupfen und von der Schale befreien. Am Rücken längs einschneiden und den Darm entfernen. Mango schälen, das Fruchtfleisch vom Stein schneiden und würfeln. Chilischote halbieren, entkernen, ausspülen und trocken tupfen. Knoblauchzehe und Ingwer schälen. Zusammen mit der Chilischote fein würfeln. Das Koch-Rührelement in die Cooking Chef einsetzen. Das Sesamöl in die Rührschüssel geben und bei 120 °C, Intervallstufe 3, erhitzen. Chili, Knoblauch und Ingwer zugeben und 1 Minute anschwitzen.

2. Currypaste, Kurkuma, Fischfond, Kokosmilch und Sojasauce zugeben. Die Temperatur auf 110 °C reduzieren und den Sud 5 Minuten kochen lassen.

3. Das Koch-Rührelement entfernen. Die Garnelen in den Sud legen und bei 100 °C, Intervallstufe 3, mit Spritzschutz 6-8 Minuten ziehen lassen.

4. Die Garnelen mit einem Schaumlöffel herausheben und in eine Schüssel legen. Das Flexi-Rührelement einsetzen und den Sud bei 140 °C, Geschwindigkeitsstufe 2, 2 Minuten einkochen lassen. Dabei mit braunem Zucker, Fischsauce und Limettensaft abschmecken. Die Speisestärke mit 2-3 EL kaltem Wasser glatt rühren und zugeben. Einmal aufkochen lassen. Die Garnelen wieder in die Sauce geben, die Mangowürfel untermischen und noch 1-2 Minuten in der heißen Schüssel ziehen lassen. Das Curry mit Salz abschmecken. Koriandergrün abbrausen und trockenschütteln. Blättchen abzupfen und über das Curry streuen.

FRUCHTIG-SCHARFES CURRY

VON RIESENGARNELEN UND MANGO

Zubereitungszeit:
45 Minuten

ZUTATEN
Für 4 Portionen

150 g Capellini (sehr dünne Spaghetti)
Salz
2 große Karotten
Je 2 EL Sojasauce, thailändische Fischsauce, Süß-Sauer-Sauce (Asialaden)
4 EL dunkles Sesamöl
2 Schalotten
50 g Ingwer
2 kleine rote Chilischoten
3-4 Stangen Zitronengras
Schale und Saft von 1 Limette
500 ml Kokosmilch
Pfeffer
8 Stücke festes Fischfilet ohne Haut und Gräten (à 100 g; z.B. Rotbarsch, Steinbutt, St.-Petersfisch, Seeteufel)
Frische Kresse zum Garnieren

Benötigtes Zubehör:
Flexi-Rührelement
Glas-Mixaufsatz

1. 2 l Wasser mit 1 Prise Salz in die Rührschüssel der Cooking Chef füllen und mit Spritzschutz bei 140 °C, Intervallstufe 3, zum Kochen bringen. Die Karotten schälen und mit dem Sparschäler in lange, dünne Streifen schneiden. Die Capellini in dem kochenden Salzwasser bissfest garen. Dabei kurz vor Ende der Garzeit die Karottenstreifen hineingeben und für 30 Sekunden mitgaren. Abgießen, abtropfen lassen und in einer Schüssel mit Sojasauce, Fischsauce, Süß-Sauer-Sauce und 2 EL Sesamöl mischen. 30 Minuten ziehen lassen.

2. In der Zwischenzeit Schalotten schälen und zusammen mit Ingwer, Chilischoten und Zitronengras in Scheiben schneiden. Das Flexi-Rührelement in die Cooking Chef einsetzen. Restliches Sesamöl in der Rührschüssel bei 140 °C, Intervallstufe 3, erhitzen und Ingwer, Chili, Zitronengras und Limettenschale 1 Minute darin anschwitzen. Kokosmilch und Limettensaft zugeben, den Sud mit Salz und Pfeffer kräftig würzen und aufkochen lassen.

3. Die Fischfilets abbrausen und trockentupfen. Das Flexi-Rührelement entfernen und die Temperatur auf 90 °C reduzieren. Den Fisch in den heißen Sud einlegen, sodass die Stücke vollständig mit dem Würzsud bedeckt sind. Den Spritzschutz einsetzen und den Fisch 6-8 Minuten garen.

4. Marinierte Capellini nochmals abschmecken und auf Teller verteilen. Je zwei Stücke gegartes Fischfilet darauf setzen. Kokossud durch ein feines Sieb in den Glas-Mixaufsatz gießen und bei höchster Geschwindigkeitsstufe* schaumig aufmixen. Kokosschaum über Fisch und Nudeln verteilen. Mit frischer Kresse garniert servieren.

* Falls die Maschine noch heiß ist, greift die eingebaute Sicherheitsfunktion. Dann wird die volle Geschwindigkeit erst erreicht, wenn Sie die P-Taste drücken.

FISCHFILET

IN WÜRZIGEM KOKOSSUD POCHIERT MIT MARINIERTEN CAPELLINI

Zubereitungszeit: 40 Minuten

ZUTATEN
Für 4 Portionen

1 daumengroßes Stück Ingwer (20 g)
1 große rote Chilischote
1 EL helles Sesamöl
2 TL scharfes Currypulver
350 ml Apfelsaft
400 g grüner Spargel
200 g junger Blattspinat
12 Schollenfilets (à etwa 40 g)
Salz, Pfeffer
Geriebene Muskatnuss
Saft von etwa 1 Limette
125 g kalte Butter
1-2 EL Sesamsaat zum Bestreuen

Benötigtes Zubehör:
Dampfgarsieb
Glas-Mixaufsatz

1. Ingwer schälen und in feine Streifen schneiden. Die Chilischote waschen, der Länge nach halbieren und entkernen. Chili ebenfalls in feine Streifen schneiden. Das Sesamöl bei 140 °C, Intervallstufe 3, in der Rührschüssel der Cooking Chef erhitzen. Chili- und Ingwerstreifen zugeben und 1 Minute anschwitzen. Currypulver und Apfelsaft zugeben und kochen lassen, bis Spargel und Fisch vorbereitet sind.

2. Spargel waschen, holzige Enden wegschneiden und den Spargel schräg in Stücke schneiden. Spargelstücke auf dem Dampfgarsieb der Cooking Chef verteilen. Den Spinat waschen und auf den Spargel legen. Salz, Pfeffer und Muskat über den Spinat streuen. Die Schollenfilets mit Salz, Pfeffer und Limettensaft würzen, von der kurzen Seite her aufrollen und mit je einem Zahnstocher feststecken. Die Röllchen nebeneinander auf den Spinat setzen.

3. Das Dampfgarsieb in die Rührschüssel über die Sauce setzen. Gemüse und Fisch bei 140 °C, Intervallstufe 3, mit eingesetztem Spritzschutz 10 Minuten garen. Das Dampfgarsieb herausnehmen. Fisch und Gemüse auf vorgewärmte Portionsteller verteilen.

4. Die Sauce durch ein Sieb in den Glas-Mixaufsatz gießen. Das Sieb mit den Chili- und Ingwerstreifen beiseite stellen. Bei laufendem Schneidemesser die Butter in die Sauce mixen. Den Mixaufsatz abnehmen und die aufgefangenen Chili- und Ingwerstreifen wieder in die Sauce geben. Die Sauce über das Gemüse und die Fischröllchen verteilen, das Gericht mit Sesam bestreuen und servieren.

SCHOLLENRÖLLCHEN

MIT SPARGEL-SPINAT-GEMÜSE UND APFEL-CURRY-SAUCE

Zubereitungszeit: 50 Minuten

ZUTATEN

Für 4 Portionen

Salz
8 kleine fest kochende Kartoffeln
800 g Fischfilets mit Haut ohne Gräten (z.B. Zander, Saibling, Waller, Lachsforelle, Flußkrebsfleisch)
1/2 Stange Lauch
150 g Karotten
150 g Sellerie
2 Knoblauchzehen
6-8 Kirschtomaten
1 kleine Zwiebel
2-3 EL Rapsöl
1/2 TL Safranfäden
1 TL Tomatenmark
100 ml Weißwein
400 ml Fischfond
2 Zweige Dill
Cayennepfeffer

Benötigtes Zubehör:
Koch-Rührelement

1. In der Rührschüssel der Cooking Chef 1 l Wasser mit etwas Salz bei 140 °C, Intervallstufe 3, zum Kochen bringen. Kartoffeln schälen, in dicke Scheiben schneiden, im kochenden Salzwasser etwa 10 Minuten vorgaren und herausnehmen. Die Filets abbrausen, trocken tupfen und in mundgerechte Stücke schneiden. Lauch halbieren, waschen und in 1 cm große Stücke schneiden. Karotten und Sellerie schälen, zuerst in dünne Scheiben, diese dann ebenfalls in 1 cm große Stücke schneiden. Knoblauch schälen und in dünne Scheiben schneiden. Tomaten waschen und halbieren. Zwiebel schälen und in feine Streifen schneiden.

2. Das Koch-Rührelement in die Cooking Chef einsetzen. Das Rapsöl in die Rührschüssel geben und bei 120 °C, Intervallstufe 3, erhitzen. Zwiebelstreifen, Gemüse- und Knoblauchscheibchen und Tomaten im Rapsöl etwa 2 Minuten andünsten.

3. Safran und Tomatenmark zufügen. Mit Weißwein ablöschen, den Fischfond zugeben. Den Dill waschen, trocken tupfen und abzupfen.

4. Sobald der Sud nach etwa 5 Minuten einmal aufgekocht hat, das Koch-Rührelement entfernen und die Temperatur auf 90 °C reduzieren. Fischstücke und gekochte Kartoffeln in den Sud legen, den Spritzschutz aufsetzen und den Fisch etwa 8 Minuten garen. Gemüse, Fisch und Kartoffeln in tiefe Teller verteilen. Die Brühe mit Salz und Cayennepfeffer würzig abschmecken, in die Teller schöpfen und mit Dill bestreut servieren.

BOUILLABAISSE

VON HEIMISCHEN SÜSSWASSERFISCHEN

Zubereitungszeit: 25 Minuten

ZUTATEN
Für 4 Portionen

1 Fenchelknolle
1 Stange Lauch
1 Karotte
1/2 Sellerieknolle
1 Schalotte
1 Knoblauchzehe
2 EL Olivenöl
1 EL Zucker
100 ml Weißwein
250 ml Fischfond
1 TL Curry
1 TL Safranfäden
4 Stücke Kabeljaufilet
(à etwa 150 g; ohne Haut)
Salz, Pfeffer
100 g Sahne
50 g Butter

Benötigtes Zubehör:
Flexi-Rührelement
Dampfgarsieb
Glas-Mixaufsatz

1. Fenchel und Lauch putzen und waschen. Karotte und Sellerie schälen. Gemüse in feine Streifen schneiden bzw. hobeln. Schalotte und Knoblauch schälen und in dünne Scheiben schneiden. Das Olivenöl mit Schalotte und Knoblauch in die Rührschüssel der Cooking Chef geben. Das Flexi-Rührelement einsetzen und alles bei 110 °C, Intervallstufe 2, etwa 2-3 Minuten anschwitzen. Zucker zugeben und schmelzen lassen. Mit Wein und Fischfond ablöschen, Curry und Safran zugeben und den Sud bei 140 °C, Intervallstufe 3, zum Kochen bringen.

2. Die Gemüsestreifen auf das Dampfgarsieb verteilen und die Fischfiletstücke darauf legen. Das Flexi-Rührelement entfernen und das Dampfgarsieb über den Sud in die Rührschüssel setzen. Den Spritzschutz einsetzen und den Fisch 5 Minuten bei 120 °C, Intervallstufe 3, dämpfen.

3. Gemüse und Fisch auf vier vorgewärmte Teller verteilen und warm stellen. Die Sahne zum Sud geben und bei 140 °C, Intervallstufe 3, etwa 2 Minuten einkochen lassen.

4. Den Sud durch ein Sieb in den Glas-Mixaufsatz gießen und bei maximaler Geschwindigkeitsstufe kurz durchmixen. Die kalte Butter zugeben und die Sauce noch einmal kurz schaumig aufmixen. Safran-Curry-Sauce über Gemüse und Fisch verteilen und das Gericht heiß servieren.

KABELJAU

MIT GEMÜSE UND SAFRAN-CURRY-SAUCE

Zubereitungszeit:
50-60 Minuten

ZUTATEN
Für 4 Portionen

Für die Lachsklößchen:
350 g angefrorenes Lachsfilet (ohne Haut)
200 g eiskalte Sahne
Salz, Pfeffer
Saft von 1 Zitrone
1 Bund Dill

Für das Graupen-Lauch-Risotto:
1 Stange Lauch (etwa 200 g)
100 g Butter
500 ml Geflügelfond
200 g mittelgroße Graupen
100 ml Weißwein
50 g frisch geriebener Parmesan
Salz, Pfeffer
Einige Dillzweige zum Garnieren

Benötigtes Zubehör:
Multi-Zerkleinerer
Flexi-Rührelement
Glas-Mixaufsatz

1. Für die Lachsklößchen den Lachs würfeln und im Multi-Zerkleinerer bei höchster Geschwindigkeitsstufe pürieren, dabei langsam die Sahne zugießen. Die Fischfarce mit Salz, Pfeffer und Zitronensaft abschmecken. Dill waschen, trocken tupfen, fein hacken und unterrühren. Die Farce kühl stellen.

2. Für das Risotto den Lauch der Länge nach halbieren und gründlich waschen. Die hellen Teile klein würfeln, den dunkelgrünen Teil in Stücke schneiden. Das Flexi-Rührelement in die Cooking Chef einsetzen und 50 g Butter bei 120 °C, Intervallstufe 2, in der Rührschüssel erhitzen. Die dunkelgrünen Lauchstücke darin 1 Minute andünsten. In den Glas-Mixaufsatz* umfüllen und mit 100 ml Geflügelfond fein pürieren. Beiseite stellen.

3. In der Rührschüssel die restliche Butter bei 115 °C, Intervallstufe 2, mit dem Flexi-Rührelement erhitzen. Den klein gewürfelten hellen Lauch darin 1 Minute andünsten. Die Graupen zugeben, kurz mitdünsten und mit Weißwein ablöschen. Nach und nach den restlichen Geflügelfond zugießen, bis die Graupen nach etwa 15-20 Minuten knapp gegart sind. Das dunkelgrüne Lauchpüree und den Parmesan zufügen und das Risotto mit Salz und Pfeffer abschmecken.

4. 2 l Wasser in die Rührschüssel der Cooking Chef geben und bei 140 °C, Intervallstufe 3, mit eingesetztem Spritzschutz zum Kochen bringen. Sobald das Wasser kocht, die Temperatur auf 90 °C reduzieren, aus der Fischfarce mit zwei Esslöffeln Klößchen formen und in das siedende Wasser einlegen. Die Klößchen 10 Minuten ziehen lassen und mit einer Schaumkelle herausheben. Dillzweige abbrausen und trocken tupfen. Die Klößchen mit Dill garniert auf dem Risotto servieren.

* Falls die Maschine noch heiß ist, greift die eingebaute Sicherheitsfunktion. Dann wird die volle Geschwindigkeit erst erreicht, wenn Sie die P-Taste drücken.

POCHIERTE LACHSKLÖSSCHEN

AUF GRAUPEN-LAUCH-RISOTTO

since 1994
LAFER
KENWOOD
CREATE MORE
KENWOOD
COOKING CHEF

FLEISCH & GEFLÜGEL

KENWOOD
CREATE MORE

ZUTATEN
Für 4 Portionen

Für das Petersilienwurzelpüree:
400 g Petersilienwurzel
Salz, Pfeffer
1 Bund glatte Petersilie
75 g Butter
Geriebene Muskatnuss

Für den Rehrücken:
6 kleine rote Zwiebeln
30 g Butterschmalz
2 EL Zucker
500 ml kräftiger Rotwein
200 ml roter Portwein
150 ml Madeira
250 ml Wildfond
2 Zweige Rosmarin
2-3 Zweige Thymian
2 Lorbeerblätter
5-6 angedrückte Wacholderbeeren
1 EL angedrückte schwarze Pfefferkörner
2-3 Nelken
2 Rehrückenfilets
(à etwa 300 g; ohne Haut und Sehnen)
1-2 TL Stärkemehl, 75 g Butter

Benötigtes Zubehör:
Multi-Zerkleinerer
Koch-Rührelement
Profi-Ballonschneebesen

TIPP
Petersilienwurzelchips und frittierte Petersilienblätter sind besonders festliche Garnituren für dieses edle Gericht. Dafür von geschälten Petersilienwurzeln mit dem Sparschäler lange dünne Streifen abziehen und mit kleinen Petersilienzweigen in heißem Pflanzenöl frittieren.

1. Für das Petersilienwurzelpüree die Petersilienwurzeln schälen und würfeln. In der Rührschüssel der Cooking Chef 1,5 l Wasser mit etwas Salz bei 140 °C, Intervallstufe 3, erhitzen und die Petersilienwurzeln darin mit eingesetztem Spritzschutz in etwa 15 Minuten weich kochen. In der Zwischenzeit die Petersilie abbrausen, trocken schütteln, Blätter abzupfen.
Die gekochten Petersilienwurzeln abgießen. Zusammen mit den Petersilienblättern und der Butter in den Multi-Zerkleinerer* geben und fein pürieren. Püree mit Salz, Pfeffer und Muskatnuss abschmecken und warm halten.

2. Zwiebeln schälen und in etwa 1 cm dicke Scheiben schneiden. Das Koch-Rührelement in die Cooking Chef einsetzen und das Butterschmalz bei 140 °C, Intervallstufe 2, in der Rührschüssel zerlassen. Die Zwiebeln zugeben und 1 Minute anschwitzen. Den Zucker einstreuen und kurz karamellisieren lassen. Rotwein, Portwein, Madeira und Wildfond zugeben, Kräuter und Gewürze zufügen und bei 80 °C 5 Minuten erhitzen. Das Koch-Rührelement entfernen.

3. Rehfilets in den Sud legen, Spritzschutz einsetzen und das Fleisch 15-18 Minuten im Sud pochieren. Herausnehmen und in Alufolie gewickelt warm halten.

4. Rotwein-Zwiebel-Sud bei 140 °C, Intervallstufe 3, auf etwa die Hälfte einkochen lassen. Die Maschine öffnen und mit einem Schaumlöffel Zwiebeln, Kräuter und Gewürze entfernen. Die Zwiebeln warm halten. Das Stärkemehl mit 3-4 EL Wasser glatt rühren und in den Sud einrühren. Bei 140 °C 1-2 Minuten kochen lassen, bis die Flüssigkeit bindet. Temperatur ausschalten, Profi-Ballonschneebesen einsetzen und bei Geschwindigkeitsstufe 4 nach und nach die Butter einmixen. Die Sauce mit Salz abschmecken.
Das Fleisch aus der Folie wickeln und schräg in Scheiben schneiden. Mit dem Petersilienwurzelpüree und den Rotwein-Zwiebeln auf Tellern anrichten. Das Fleisch mit etwas Sauce beträufeln, die restliche Sauce separat dazu servieren.

* Falls die Maschine noch heiß ist, greift die eingebaute Sicherheitsfunktion. Dann wird die volle Geschwindigkeit erst erreicht, wenn Sie die P-Taste drücken.

IN ROTWEIN POCHIERTER REHRÜCKEN MIT PETERSILIENWURZELPÜREE

Zubereitungszeit: 1 Stunde

ZUTATEN
Für 4 Portionen

Für die Klopse:
1 Brötchen vom Vortag
200 ml Milch
1 Zwiebel
30 g Bauchspeck
50 g Butter
1 Bund glatte Petersilie
400 g Kalbfleisch (Oberschale, Keule)
1 Ei, 1 TL scharfer Senf
1-2 TL Kapern
2 Sardellenfilets
Salz, Pfeffer

Für die Sauce:
1,5 l Kalbsfond
1 Lorbeerblatt
Salz
2 Champignons
2 Schalotten
100 g eiskalte Butter
75 ml Weißwein
250 g Sahne
4 TL Mehl
1 Eigelb
Cayennepfeffer
Saft von etwa 1 Zitrone
Kapernäpfel zum Garnieren

Benötigtes Zubehör:
Flexi-Rührelement
Multi-Zerkleinerer
Glas-Mixaufsatz

TIPP
Dazu passen Salzkartoffeln und ein frischer Salat von Roter Bete.

1. Für die Klopse das Brötchen würfeln und in der Milch einweichen. Zwiebel schälen und fein würfeln, Speck ebenfalls sehr fein würfeln. Die Butter in die Rührschüssel der Cooking Chef geben, das Flexi-Rührelement einsetzen und die Butter bei 140 °C, Intervallstufe 1, zerlassen, Zwiebel und Speck darin 2 Minuten andünsten. Flexi-Rührelement entfernen. Zwiebel-Speck-Mischung auf einen Teller geben und abkühlen lassen. Kalbsfond und Lorbeerblatt in die Rührschüssel füllen und bei 130 °C, Intervallstufe 3, mit eingesetztem Spritzschutz erhitzen und salzen. In der Zwischenzeit die Petersilie waschen und trocken tupfen. Einige Blättchen als Garnitur beiseite legen, die restlichen fein hacken und in den Multi-Zerkleinerer geben. Kalbfleisch in Würfel schneiden und zugeben. Ei, Senf, Kapern, Sardellen, und gut ausgedrücktes Brötchen zugeben. Angedünstete Zwiebel und Speck zugeben. Alles zu einer glatten Masse pürieren und mit Salz und Pfeffer abschmecken.

2. Aus der Fleischmasse mit angefeuchteten Händen tischtennisballgroße Klopse formen und in den kochenden Sud geben. Die Temperatur auf 100 °C reduzieren und die Klopse bei Intervallstufe 3 mit Spritzschutz in 10-12 Minuten gar ziehen lassen. Klopse mit einem Schaumlöffel herausnehmen und warm stellen. Den Fond in eine Schüssel gießen, 250 ml davon abmessen.

3. Für die Sauce die Champignons putzen, die Schalotten schälen und beides würfeln. In der Rührschüssel bei 140 °C 1 EL Butter zerlassen und Champignons und Schalotten darin andünsten. Das Mehl darüber streuen und anschwitzen, 250 ml Kalbsfond und die Sahne zufügen und alles bei 140 °C, Intervallstufe 3, mit Spritzschutz um 1/3 einkochen lassen.

4. Die Sauce in den Glas-Mixaufsatz gießen und diesen auf die Cooking Chef aufsetzen. Eigelb und Weißwein verquirlen und die Mischung bei laufendem Mixvorgang in die heiße Sauce schlagen. Die restliche eiskalte Butter untermixen und die Sauce mit Salz, Cayennepfeffer und Zitronensaft abschmecken. Die Klopse mit der Sauce auf Tellern anrichten und mit Kapernfrüchten und den beiseite gelegten Petersilienblättchen bestreut servieren.

KÖNIGSBERGER KLOPSE

Zubereitungszeit:
45 Minuten
+ 2,5 Stunden
Kochen

ZUTATEN

Für 4 Portionen

800 g Gemüsezwiebeln
50 g Butter
3 EL Paprikapulver, edelsüß
2 EL Tomatenmark
3 EL Rotweinessig
500 ml kräftige Fleischbrühe oder Rinderfond
1 kg gut durchwachsenes Rindfleisch (z. B. Wade oder Schulter)
3 Knoblauchzehen
1 TL Kümmel
2 Lorbeerblätter
Salz, Pfeffer

Benötigtes Zubehör:
Multi-Zerkleinerer
Koch-Rührelement

TIPP

Zum Gulasch passen frisches Bauernbrot, Bandnudeln oder Spätzle.

1. Die Zwiebeln schälen, vierteln und im Multi-Zerkleinerer mit feiner Schneidscheibe (Nr. 4) in Streifen schneiden. Das Koch-Rührelement in die Cooking Chef einsetzen. Die Butter in der Rührschüssel zerlassen und die Zwiebeln darin 20 Minuten bei 120 °C, Intervallstufe 3, goldbraun schmoren.

2. Paprikapulver mit Tomatenmark, Essig und Fleischbrühe verrühren.

3. Die Mischung zu den Zwiebeln gießen.

4. Das Rindfleisch in etwa 4 cm große Würfel schneiden. Knoblauch schälen und zusammen mit dem Kümmel fein hacken. Gewürfeltes Fleisch, Lorbeerblätter und Knoblauchmischung zufügen. Spritzschutz einsetzen und das Gulasch bei 100 °C, Intervallstufe 3, 2-2 1/2 Stunden schmoren, bis die Zwiebeln zerfallen sind und das Fleisch zart ist. Die Garzeit hängt auch von der Fleischqualität ab. Deshalb nach 2 Stunden die Maschine öffnen und kontrollieren, ob das Fleisch schon weich ist. Dann gegebenenfalls das Gulasch noch 20-30 Minuten garen. Ist das Fleisch bereits weich, gleich abschmecken und servieren – längeres Garen würde das Fleisch zerfallen lassen. Lorbeerblätter entfernen, das Gulasch mit Salz und Pfeffer abschmecken und servieren.

RINDERSAFTGULASCH

Zubereitungszeit:
50 Minuten
+ 60 Minuten
Kochen

ZUTATEN
Für 4 Portionen

4 Hähnchenkeulen (etwa 1200 g)
3-4 Zweige Thymian
3-4 Schalotten
2 Knoblauchzehen
2 EL Butterschmalz
800 ml Geflügelfond
2 Lorbeerblätter
500 g Frühlingsgemüse (z. B. Blumenkohl, Zuckerschoten, junge Karotten, Spargel)
50 g Butter
50 g Mehl
150 ml Weißwein
200 g Sahne
Salz, Pfeffer
1 TL Zucker
Saft von 1/2 Zitrone
200 g kleine weiße Champignons
3 Zweige Kerbel

Benötigtes Zubehör:
Dampfgarsieb
Flexi-Rührelement

TIPP
Klassische Beilage zum Hühnerfrikassee ist gedämpfter Reis, aber auch Nudeln passen gut.

1. Die Hähnchenkeulen waschen, trockentupfen und jeweils am Gelenk durchschneiden. Thymian waschen. Schalotten und Knoblauchzehen schälen und würfeln. Das Butterschmalz in der Rührschüssel der Cooking Chef bei 120 °C, Intervallstufe 3, erhitzen. Schalotten und Knoblauch darin 2 Minuten anschwitzen. Den Geflügelfond zugeben und aufkochen lassen. Hähnchenkeulen, Thymian und Lorbeerblätter in den Sud einlegen, den Spritzschutz einsetzen und die Keulen etwa 45 Minuten garen.

2. In der Zwischenzeit das Frühlingsgemüse putzen, waschen und in mundgerechte Stücke teilen. Das Gemüse in das Dampfgarsieb legen und in die Rührschüssel über die Hähnchenkeulen setzen. Spritzschutz einsetzen. Fleisch und Gemüse weitere 15 Minuten garen.
   Gemüse herausnehmen und warm stellen. Das Fleisch aus dem Sud nehmen und in eine Schüssel legen. Den Sud durch ein Sieb gießen.

3. Das Flexi-Rührelement einsetzen. In der Rührschüssel bei 140 °C, Intervallstufe 3, die Butter zerlassen. Mehl zugeben und kurz anschwitzen, mit Wein ablöschen. Den abgeseihten Sud und die Sahne zugeben und bei Intervallstufe 2 15 Minuten einkochen lassen. Mit Salz, Pfeffer, Zucker und Zitronensaft abschmecken.
   In der Zwischenzeit die Champignons säubern und halbieren oder vierteln. Das Fleisch von den Hähnchenkeulen zupfen, Haut und Knochen entfernen.

4. Fleisch und Champignons in die Sauce geben und bei ausgeschalteter Maschine 5 Minuten ziehen lassen. Den Kerbel waschen und trocken tupfen, die Blättchen abzupfen. Das Gemüse zugeben und das Frikassee mit Kerbel bestreut servieren.

HÜHNERFRIKASSEE

MIT FRÜHLINGSGEMÜSE

Zubereitungszeit:
30 Minuten
+ 1 Stunde Kochen

ZUTATEN

Für 4-6 Portionen

1 kg Rindfleisch (Schulter)
2 rote Chilischoten
2 rote Zwiebeln
1-2 Knoblauchzehen
3 EL Olivenöl
2 EL brauner Zucker
1 EL Tomatenmark
400 g passierte Tomaten
400 ml Rinderfond
Je 1 rote und gelbe Paprikaschote
150 g Maiskörner (Dose)
300 g Kidneybohnen (Dose)
300 g weiße Bohnen (Dose)
Salz, Cayennepfeffer

Benötigtes Zubehör:
Koch-Rührelement

TIPPS

Wenn Sie die Bohnen lieber selbst kochen, weichen Sie am Vorabend getrocknete Bohnen (etwa 150 g getrocknete ergeben 300 g gegarte) in ausreichend lauwarmem Wasser ein. Am nächsten Tag abseihen und in frischem Wasser ohne Salz 1-2 Stunden weich kochen.

Einen ganz besonderen Geschmack bekommt das Chili, wenn Sie zusammen mit dem Fleisch ein Stück Sternanis zugeben und mitkochen lassen.

1. Für das Chili Rindfleisch abbrausen und trocken tupfen. Das Fleisch in sehr kleine Würfel schneiden. Chilischoten längs halbieren, entkernen und fein hacken. Zwiebeln und Knoblauch schälen und würfeln.
Das Koch-Rührelement in die Cooking Chef einsetzen und das Olivenöl in der Rührschüssel bei 140 °C, Intervallstufe 2, erhitzen. Zwiebeln, Knoblauch und Chili zugeben und kurz anschwitzen. Zucker zugeben und schmelzen lassen.

2. Das Fleisch zugeben und einige Minuten andünsten. Tomatenmark, passierte Tomaten und Rinderfond zugeben. Sobald das Gericht zu kochen beginnt, auf 105 °C, Intervallstufe 3, zurückschalten und das Chili etwa 45-50 Minuten kochen lassen.

3. In der Zwischenzeit die Paprikaschoten waschen, putzen und in Würfel schneiden. 15 Minuten vor Ende der Garzeit die Paprikawürfel zugeben.

4. Mais und Bohnen in ein Sieb abgießen und abbrausen. Unter das Chili mischen und 5 Minuten erhitzen. Das Chili mit Salz und Cayennepfeffer abschmecken.

CHILI CON CARNE

Zubereitungszeit:
45 Minuten

ZUTATEN

Für 4 Portionen

Für das Rinderfilet mit Wurzelgemüse:

500 ml Rinderfond
50 g gemischte Kräuter (Rosmarin, Thymian, Petersilie, Estragon, Oregano)
2 Lorbeerblätter
Je 1 TL angedrückte Wacholderbeeren und Pfefferkörner
4 Rindermedaillons (à 150 g)
4 junge Karotten
3 Stangen Staudensellerie
4 kleine Petersilienwurzeln
4 Schalotten
Meersalz, Pfeffer

Für die Salsa Verde:

1 Bund glatte Petersilie
1 Bund Basilikum
2 Schalotten
2 Knoblauchzehen
2 Scheiben frisches Weißbrot, entrindet
2 EL Kapern
2 EL milder Weißweinessig
Etwa 150 ml Olivenöl

Benötigtes Zubehör:

Glas-Mixaufsatz

1. Zunächst die Salsa Verde zubereiten. Dafür Petersilie und Basilikum waschen und trocken tupfen, die Blättchen abzupfen und in den Glas-Mixaufsatz geben. Schalotten und Knoblauch schälen und hacken, das Weißbrot würfeln. Schalotten, Knoblauch, Weißbrot, Kapern, Essig und Olivenöl in den Mixbecher geben und alle Zutaten auf maximaler Geschwindigkeitsstufe pürieren.

2. Rinderfond und 500 ml Wasser in die Rührschüssel der Cooking Chef geben. Kräuter und Gewürze zugeben und bei 140 °C, Intervallstufe 3, mit Spritzschutz zum Kochen aufstellen. Die Rindermedaillons aus dem Kühlschrank nehmen und mit Küchengarn rund binden. Karotten, Staudensellerie, Petersilienwurzeln und Schalotten waschen, putzen und in grobe Stücke schneiden. Das Gemüse in den kochenden Sud geben und die Temperatur auf 110 °C reduzieren. Den Spritzschutz wieder einsetzen.

3. Nach 10 Minuten die Rindermedaillons einlegen. Bei 100 °C, Intervallstufe 3, mit Spritzschutz weitere 10 Minuten sanft kochen lassen.

4. Fleisch und Gemüse mit einem Schaumlöffel aus dem Sud heben und in vorgewärmte tiefe Teller verteilen. Das Fleisch mit Meersalz und Pfeffer würzen. Den Sud durch ein Sieb gießen und jeweils 1-2 Schöpfkellen davon auf das Wurzelgemüse geben. Mit der Salsa Verde servieren.

POCHIERTES RINDERFILET

MIT WURZELGEMÜSE UND SALSA VERDE

Zubereitungszeit: 60 Minuten

ZUTATEN

Für 4 Portionen

1 rote Paprikaschote
2 Knoblauchzehen
2 EL Olivenöl
400 ml Geflügelfond
300 g Lammlachse
(Lammrücken ohne Knochen)
250 g breite Bohnen
100 g Instant-Polentagrieß
30 g frisch geriebener Parmesan
50 g Butter
3-4 EL Ajvar (Paprikapüree aus dem Glas)
Meersalz, Pfeffer

Benötigtes Zubehör:
Koch-Rührelement
Dampfgarsieb
Glas-Mixaufsatz
Flexi-Rührelement

TIPP

Besonders fein schmeckt dazu in Olivenöl gebratener Salbei und Parmaschinken. Dafür etwas Olivenöl erhitzen, dünne Scheibchen Parmaschinken und Salbeiblätter darin kross anbraten und kurz vor dem Servieren über Lamm und Polenta träufeln.

1. Die Paprikaschote waschen, putzen und in Würfel schneiden. Die Knoblauchzehen schälen und fein hacken. Das Koch-Rührelement in die Cooking Chef einsetzen. Das Olivenöl in der Rührschüssel bei 140 °C, Intervallstufe 3, erhitzen und den Knoblauch darin anschwitzen. Die Paprikawürfel zugeben und 1 Minute dünsten. Den Geflügelfond zugießen und das Koch-Rührelement entfernen. Den Fond mit eingesetztem Spritzschutz zum Kochen bringen.

2. Das Lammfleisch abbrausen und trocken tupfen. Die Bohnen waschen, putzen und schräg in Stücke schneiden. Bohnen und Fleisch in das Dampfgarsieb legen und über die kochenden Paprikastücke in die Rührschüssel setzen. Spritzschutz einsetzen und Fleisch und Bohnen bei 140 °C, Intervallstufe 3, etwa 9-10 Minuten (je nach Dicke der Fleischstücke) garen. Dabei das Fleisch nach 7 Minuten wenden. Das Dampfgarsieb herausnehmen, Fleisch und Bohnen warm stellen.

3. Die Paprikastücke mit dem Fond in den Glas-Mixaufsatz füllen und fein pürieren*. Das Püree zurück in die Rührschüssel füllen, das Flexi-Rührelement einsetzen und auf 110 °C schalten. Bei Geschwindigkeitsstufe 4 langsam die Polenta einrieseln und etwa 3 Minuten kochen lassen.

4. Die Temperatur ausschalten und Parmesan, Butter und zuletzt Ajvar zugeben. Die Rührschüssel aus der Küchenmaschine nehmen und die Polenta mit Salz und Pfeffer abschmecken.
Die Lammlachse in Scheiben schneiden und mit den Bohnen auf der Paprika-Polenta anrichten. Mit Meersalz und Pfeffer bestreut servieren.

* Falls die Maschine noch heiß ist, greift die eingebaute Sicherheitsfunktion. Dann wird die volle Geschwindigkeit erst erreicht, wenn Sie die P-Taste drücken.

GEDÄMPFTES LAMM

MIT BOHNEN UND PAPRIKA-POLENTA

Zubereitungszeit:
30 Minuten

ZUTATEN
Für 4 Portionen

2 EL helles Sesamöl
800 g Hähnchenbrustfilet
1-2 TL rote Currypaste (Asialaden)
3 EL thailändische Fischsauce (Asialaden)
1 Baby-Ananas
50 g geröstete und gesalzene Erdnüsse
3 Lauchzwiebeln
400 ml Kokosmilch

Benötigtes Zubehör:
Koch-Rührelement

TIPP
Wenn Sie das Curry gern etwas sämiger haben, fügen Sie bei Schritt 4 noch 1 TL mit 2-3 EL Wasser angerührte Speisestärke zu. Zum Curry passt als Beilage gedämpfter Basmatireis.

1. Das Sesamöl in die Rührschüssel der Cooking Chef geben, das Koch-Rührelement einsetzen und das Öl bei 140 °C, Intervallstufe 3, erhitzen. Das Hähnchenfleisch in 2-3 cm große Würfel schneiden. In einer Schüssel mit Currypaste und Fischsauce vermischen.

2. Sobald das Öl heiß ist, das Fleisch zugeben und 5 Minuten bei Intervallstufe 3 anbraten. Die Ananas schälen, vierteln und den harten Strunk wegschneiden. Die Augen entfernen und das Fruchtfleisch in mundgerechte Stücke schneiden.

3. Ananasstücke zum Fleisch geben und weitere 2 Minuten anbraten. Die Erdnüsse grob hacken, die Lauchzwiebeln waschen, trocken tupfen und schräg in Scheiben schneiden.

4. Den Spritzschutz einsetzen und die Kokosmilch zugießen. Die Temperatur auf 120 °C reduzieren und das Curry noch etwa 5 Minuten kochen lassen. Auf vier Teller verteilen und mit Erdnüssen und Lauchzwiebeln bestreut servieren.

HÄHNCHENCURRY
MIT ANANAS

Zubereitungszeit: 60 Minuten

ZUTATEN
Für 4 Portionen

2 Knoblauchzehen
2 Schalotten
120 g Karotten
120 g Knollensellerie
2 EL Olivenöl
500 g Rinderhackfleisch
2 EL Tomatenmark
250 ml passierte Tomaten
200 ml Geflügelfond
Je 4 Zweige Thymian und Majoran
3 Tomaten
Salz, weißer Pfeffer, Zucker

Benötigtes Zubehör:
Flexi-Rührelement
Multi-Zerkleinerer

TIPP
Bolognese Sauce ist ein Klassiker unter den Nudelsaucen und wird bei uns gern zu Spaghetti, in Italien auch zu Tagliatelle oder breiten Bandnudeln – Pappardelle – serviert.

1. Knoblauch und Schalotten schälen und fein würfeln. Karotten und Knollensellerie putzen, schälen und in kleine Würfel schneiden. Das Flexi-Rührelement in die Cooking Chef einsetzen. Das Olivenöl in der Rührschüssel bei 140 °C, Intervallstufe 3, erhitzen und Gemüsewürfel, Schalotten und Knoblauch etwa 3 Minuten darin andünsten.

2. Das Hackfleisch dazugeben und bei 140 °C, Intervallstufe 3, etwa 5 Minuten krümelig braten. Tomatenmark zufügen und kurz mitbraten.

3. Die passierten Tomaten und den Geflügelfond zugeben. Die Temperatur auf 95-100 °C reduzieren und die Sauce etwa 20 Minuten einkochen lassen.

4. Die Tomaten waschen, entkernen und das Fruchtfleisch würfeln. Kräuterzweige abbrausen, trocken tupfen, die Blättchen von den Stielen zupfen und fein hacken. Tomatenwürfel in die Sauce geben und mit Salz, Pfeffer und 1 Prise Zucker würzen. Die gehackten Kräuter in die Sauce geben, nochmals kurz aufkochen lassen und servieren.

BOLOGNESE
KLASSISCH

Zubereitungszeit:
45 Minuten

ZUTATEN
Für 4 Portionen

Für das Schweinefilet:
50 g gemischte Kräuter (davon 2/3 Petersilie, 1/3 z.B. Kerbel, Estragon, Oregano)
600 g Schweinefilet (am besten gleich große Teile vom Mittelstück)
1 EL mittelscharfer Senf
Salz, Pfeffer

Für das Kürbis-Spitzkohl-Gemüse:
250 g Hokkaido-Kürbis (geputzt gewogen)
2 mittelgroße rote Zwiebeln
6-8 Spitzkohlblätter
2-3 EL Butterschmalz
2-3 EL Balsamico bianco
1 EL Honig
1 TL Speisestärke
50 g Butter
Salz, Pfeffer

Benötigtes Zubehör:
Multi-Zerkleinerer
Flexi-Rührelement

1. Kräuter abbrausen, trocken tupfen und die Blätter von den Stielen zupfen. Die Kräuter in den Multi-Zerkleinerer geben und bei maximaler Geschwindigkeitsstufe fein hacken. In der Rührschüssel bei 100 °C, Intervallstufe 3, 2 l Wasser mit eingesetztem Spritzschutz zum Kochen bringen.

2. Schweinefilet abbrausen und trocken tupfen. Die Filetstücke dünn mit Senf bestreichen und in den gehackten Kräutern wälzen. Filets straff in Klarsichtfolie einwickeln und die Folie an den Enden verknoten oder mit Küchengarn gut verschließen. Sobald das Wasser kocht, die Filetpäckchen in die Rührschüssel geben und im heißen Wasser bei 100 °C mit Spritzschutz etwa 15 Minuten pochieren. Das Fleisch aus dem Wasser nehmen, warm halten und ruhen lassen, bis das Gemüse gar ist.

3. Für das Gemüse den Kürbis in Spalten schneiden und im Multi-Zerkleinerer mit der feinen Schneidscheibe (Nr. 4) bei Geschwindigkeitsstufe 4 hobeln. Die Zwiebeln schälen und in feine Streifen schneiden. Den Spitzkohl waschen und in größere Stücke schneiden.

4. Das Flexi-Rührelement in die Cooking Chef einsetzen. Das Butterschmalz in der Rührschüssel bei 140 °C, Intervallstufe 3, zerlassen. Zwiebeln und Kohl dazugeben und 2 Minuten andünsten. Kürbis, Honig und Essig zugeben und weitere 2 Minuten dünsten. Die Speisestärke mit 2-3 EL Wasser glatt rühren, zugeben und 1 Minute mitkochen lassen. Die Butter zugeben, kurz unterrühren und die Maschine ausschalten. Das Gemüse mit Salz und Pfeffer abschmecken. Fleisch aus der Folie wickeln, in 2-3 cm breite Scheiben schneiden, mit Salz und Pfeffer würzen und auf dem Kürbis-Spitzkohl-Gemüse anrichten.

SCHWEINEFILET

IM KRÄUTERMANTEL MIT KÜRBIS-SPITZKOHL-GEMÜSE

Zubereitungszeit:
45 Minuten

ZUTATEN

Für 4 Portionen

600 g Kalbfleisch (Oberschale)
3 Schalotten
2 EL Sonnenblumenöl
250 g Champignons
100 ml Kalbsfond
3-4 EL Weinbrand
75 ml Weißwein
150 g Sahne
1/2 Bund glatte Petersilie
1 gehäufter EL Speisestärke
2 EL Sojasauce
Salz, Pfeffer

Benötigtes Zubehör:
Koch-Rührelement

TIPP

Die klassische Beilage zum Zürcher Geschnetzelten sind Rösti. Sie lassen sich ganz bequem zubereiten, während in der Cooking Chef das Geschnetzelte gart. Dafür 400 g fest kochende Kartoffeln schälen und im Multi-Zerkleinerer grob raspeln. In einer Pfanne 2 EL Butterschmalz erhitzen. Die Kartoffelraspel zu etwa 1 cm dicken Plätzchen in der Pfanne verteilen und bei mittlerer Hitze braten, bis sie an der Unterseite beginnen zu bräunen. Die Rösti wenden, die zweite Seite fertig braten und mit Salz und Pfeffer gewürzt zum Geschnetzelten servieren.

Oder die Rösti im Backofen zubereiten: Dafür die Kartoffelraspel zu Plätzchen geformt auf ein Backblech mit Backpapier legen, mit flüssigem Butterschmalz beträufeln und bei 200 °C etwa 10-15 Minuten rösten. Dabei einmal wenden.

1. Das Fleisch quer zur Faser in Streifen schneiden. Die Schalotten schälen und fein hacken. Das Koch-Rührelement in die Cooking Chef einsetzen.
   Das Sonnenblumenöl und die Schalotten in die Rührschüssel geben und bei 140 °C, Intervallstufe 3, 1 Minute andünsten. Das Fleisch zugeben und 2 Minuten andünsten.

2. In der Zwischenzeit die Champignons putzen und in Scheiben schneiden. Zum Fleisch geben und 1 Minute mitdünsten.

3. Den Spritzschutz einsetzen und durch die Einfüllöffnung Kalbsfond, Weinbrand, Wein und Sahne zugießen. Etwa 3 Minuten kochen lassen.

4. Die Petersilie waschen und trocken tupfen. Die Blättchen abzupfen und fein schneiden. Auf Intervallstufe 1 schalten, die Speisestärke mit Sojasauce glatt rühren und zum Geschnetzelten gießen. 1 Minute kochen lassen. Die Sauce mit Salz und Pfeffer abschmecken und die Petersilie zugeben. Auf Portionsteller verteilen und servieren.

GESCHNETZELTES
AUF ZÜRCHER ART

Zubereitungszeit: 40 Minuten

ZUTATEN
Für 4 Portionen

400 g Schweinefilet (ohne Haut und Sehnen)
3 EL Reisessig
2 TL Speisestärke
3 EL Sojasauce
4 Lauchzwiebeln
2 mittelgroße Karotten
Je 1 rote und gelbe Paprikaschote
150 g Zuckerschoten
2 Knoblauchzehen
1 daumengroßes Stück Ingwer (etwa 25 g)
2 rote Chilischoten
4 EL Erdnuss- oder Sesamöl
100 ml Geflügelfond
1 TL Tomatenmark
2-3 EL brauner Zucker
Salz, Pfeffer
75 g geröstete, gesalzene Cashewkerne

Benötigtes Zubehör:
Flexi-Rührelement

TIPP
Dazu passen am besten original asiatische dünne Eiernudeln oder gedämpfter Reis.

1. Schweinefilet abbrausen, trocken tupfen und quer zur Faser in 1 cm dicke Scheiben schneiden. Aus Reisessig, Speisestärke und Sojasauce eine Marinade rühren und das Schweinefleisch darin 15 Minuten marinieren.

2. Das Gemüse waschen und putzen. Die Lauchzwiebeln schräg in dicke Scheiben, die Karotten schälen und in dünne Scheiben schneiden. Die Paprikaschoten von Kernen und Trennhäuten befreien und in Streifen schneiden.

3. Knoblauchzehen und Ingwer schälen, die Chilischoten halbieren und entkernen. Alles fein würfeln.
Das Flexi-Rührelement in die Cooking Chef einsetzen. 2 EL Erdnussöl in der Rührschüssel bei 140 °C, Intervallstufe 3, erhitzen und Knoblauch, Ingwer und Chili darin anschwitzen. Vom Fleisch die Marinade etwas abtropfen lassen und das Fleisch in die Rührschüssel geben. Etwa 2 Minuten anbraten lassen. Das Fleisch aus der Rührschüssel nehmen und warm stellen.

4. Restliches Erdnussöl in die Rührschüssel geben und bei 140 °C, Intervallstufe 3, erhitzen. Zunächst die Karotten zugeben und 2 Minuten dünsten lassen, dann Paprika, Zuckerschoten und Lauchzwiebeln zufügen und weitere 2 Minuten garen. Den Geflügelfond mit der aufgefangenen Marinade, Tomatenmark und braunem Zucker verrühren und zufügen. Bei Intervallstufe 2 kurz erhitzen, die Maschine ausschalten und die Rührschüssel herausnehmen. Das Fleisch untermischen, alles mit Salz und Pfeffer abschmecken und das Gericht mit Cashewkernen bestreut servieren.

ASIATISCHES SCHWEINEGESCHNETZELTES

since 1994
LAFER
KENWOOD
KENWOOD
COOKING CHEF
MAJOR

DESSERTS & MEHLSPEISEN

Zubereitungszeit:
25 Minuten
+ 3 Stunden Kühlen

ZUTATEN

Für 4 Portionen

400 ml Kokosmilch
50 g Zucker
3 Stangen Zitronengras
3 Blatt Gelatine
2-3 EL Kokoslikör
(z.B. Batida de Coco)
oder 1 EL Kokossirup
1 reife Mango
2 Passionsfrüchte
50 g geröstete Kokoschips (Fertigprodukt)

Benötigtes Zubehör:
Koch-Rührelement
Glas-Mixaufsatz

1. Die Kokosmilch mit dem Zucker in die Rührschüssel geben. Das Koch-Rührelement einsetzen. Zitronengras mit einem Fleischklopfer oder einem breiten Messerrücken flach klopfen, damit sich das Aroma entfalten kann. Zitronengras in grobe Stücke schneiden und zugeben. Die Kokosmilch bei Intervallstufe 3 10 Minuten auf 100 °C erhitzen. Die Gelatine in kaltem Wasser einweichen.

2. Auf Intervallstufe 1 schalten und die eingeweichte und ausgedrückte Gelatine in die Kokosmilch geben. 1 Minute rühren, bis sich die Gelatine aufgelöst hat. Die Kokosmilch durch ein Sieb in eine Schüssel gießen, den Kokoslikör unterrühren. Die Mischung in vier mit kaltem Wasser ausgespülte Portionsförmchen (à 100 ml Inhalt) füllen und mindestens 3 Stunden kalt stellen.

3. Die Mango schälen, das Fruchtfleisch vom Stein schneiden und würfeln. Die Hälfte der Mangowürfel im Glas-Mixaufsatz bei Geschwindigkeitsstufe 1 pürieren. Die Passionsfrüchte halbieren und die Kerne mit einem Löffel auskratzen. Mit Mangopüree und -würfeln mischen und bis zum Gebrauch kühl stellen.

4. Zum Servieren die Panna Cotta auf Portionsteller stürzen. Dafür die Förmchen kurz in heißes Wasser tauchen und die Panna Cotta am Rand mit einem kleinen Messer lösen. Die Panna Cotta mit der Fruchtsauce umkränzen und mit den Kokoschips bestreut servieren.

KOKOS-ZITRONENGRAS-PANNA-COTTA

MIT MANGO-PASSIONSFRUCHT-SAUCE

Zubereitungszeit:
45 Minuten
+ 1 Stunde Kühlen

ZUTATEN

Zutaten für 10-12 kleine Portionen

Für den Biskuit:
3 Eier
125 g Puderzucker
30 g Zucker
100 g Mehl

Für die Creme:
3 Eier
Salz
125 g Zucker
1 Päckchen Bourbon-Vanillezucker
500 g Mascarpone
150 ml kalter Espresso
75 ml Amaretto
2 EL Kakao zum Bestäuben

Benötigtes Zubehör:
Profi-Ballonschneebesen

TIPPS

Statt in kleine Portionsgläschen kann man das Tiramisu natürlich auch in eine große rechteckige Glas- oder Porzellanform einschichten. Wenn es schneller gehen soll, kann man auch gekaufte Löffelbiskuits statt des selbst gemachten Biskuits verwenden.

1. Einen Biskuitboden nach dem Grundrezept (Basisrezepte, Seite 170) herstellen: Die Biskuitmasse in eine mit Backpapier bespannte Springform (Ø 26 cm) füllen, glatt streichen und bei 180 °C (Ober-/Unterhitze) im Backofen etwa 30 Minuten backen. Nach dem Auskühlen den Biskuitboden quer halbieren und 20-24 Kreise in der Größe der Portionsgläser ausstechen.

2. Die Eier trennen. Den Profi-Ballonschneebesen in die Cooking Chef einsetzen. Eiweiße mit 1 Prise Salz in die Rührschüssel geben und bei maximaler Geschwindigkeit in etwa 2 Minuten steif schlagen, dabei 100 g Zucker einrieseln lassen. Eischnee in eine Schüssel umfüllen.

3. Die Eigelbe mit 25 g Zucker, Vanillezucker und 2 EL Wasser in die Rührschüssel geben, Schüssel und Schneebesen müssen vorher nicht von Eischneeresten gesäubert werden. Die Eigelbmischung bei 60 °C und maximaler Geschwindigkeitsstufe 1 Minute aufschlagen, dann 1 Minute bei 70 °C und 3 Minuten bei 80 °C.* Mascarpone in die Eigelbcreme geben und auf maximaler Stufe kurz unterrühren, bis die Mischung glatt ist. Die Rührschüssel aus der Küchenmaschine nehmen und auf Handwärme abkühlen lassen. Eischnee mit dem Teigspatel unter die Mascarponecreme heben und die Creme in einen Spritzbeutel mit großer Lochtülle umfüllen.

4. Espresso und Amaretto mischen. Ein Drittel der Creme in kleine Portionsgläser spritzen. Die Hälfte der Biskuits darauf verteilen und mit je 1 EL der Espressomischung beträufeln. Das zweite Drittel der Mascarponecreme darauf verteilen, mit den restlichen Biskuits belegen. Diese erneut mit Espressomischung beträufeln und die restliche Creme darauf verteilen. Tiramisu im Kühlschrank etwa 1 Stunde durchziehen lassen. Kurz vor dem Servieren mit Kakaopulver bestäuben.

* Sobald die Temperatur 60 °C übersteigt, wird die Maschine den Rührvorgang wegen der eingebauten Sicherheitsfunktion kurz unterbrechen. Durch Drücken der P-Taste können Sie den Rührvorgang sofort fortsetzen.

TIRAMISU

Zubereitungszeit:
50 Minuten
+ 1 Stunde Gehen
+ 30 Minuten
Backen

ZUTATEN
Für 4 Portionen

Für das Birnen-Holunderbeer-Ragout:
5 Birnen
250 ml Rotwein
100 ml Holundersaft
100 g Zucker
1 Vanilleschote
1 EL Speisestärke

Für die Buchteln:
100 ml lauwarme Milch
20 g Hefe (1/2 Würfel)
350 g Mehl
50 g Zucker
2 Eigelb
2 Eier
1 Prise Salz
75 g weiche Butter
50 g fein gemahlener Mohn
Mehl für die Arbeitsfläche
30 g zerlassene Butter
zum Bestreichen
Puderzucker zum Bestäuben

Benötigtes Zubehör:
K-Haken

1. Birnen schälen, halbieren und vom Kerngehäuse befreien. Die Birnenhälften würfeln. Rotwein mit Holundersaft, Zucker, dem ausgekratzten Vanillemark und der Vanilleschote in die Rührschüssel der Cooking Chef geben und bei 140 °C, Intervallstufe 3, aufkochen. Birnenwürfel in den Sud geben, die Temperatur auf 100 °C reduzieren und die Birnen etwa 6 Minuten pochieren. Die Birnenwürfel mit dem Schaumlöffel herausheben und in eine feuerfeste Form (etwa 26 x 20 cm) geben. Den Sud bei 140 °C um die Hälfte einkochen und mit dem in 1-2 EL Wasser angerührten Stärkemehl binden. Über die Birnenwürfel in der Form gießen und diese beiseite stellen.

2. Inzwischen für die Buchteln die Milch in der Rührschüssel bei 40 °C erwärmen. Den K-Haken einsetzen und die Hefe in die Milch bröckeln. Bei Intervallstufe 1 etwa 1 Minute rühren, bis die Hefe in der Milch aufgelöst ist.

3. Mehl, Zucker, Eigelb, Eier, Salz, weiche Butter und Mohn zugeben und bei Geschwindigkeitsstufe 1 unterrühren. Auf Geschwindigkeitsstufe 4 schalten und den Teig gründlich verkneten. Den K-Haken entfernen, den Spritzschutz einsetzen und den Teig bei 45 °C, Intervallstufe 3, 1 Stunde gehen lassen, bis er das doppelte Volumen erreicht hat.

4. Den Teig auf eine bemehlte Arbeitsfläche geben und mit den Händen kurz durchkneten. In 15 Portionen teilen und jedes Teigstück zu einer Kugel drehen. Die Teigkugeln mit der Naht nach unten nebeneinander mit etwas Abstand auf das Birnenragout setzen, mit einem Tuch bedecken und an einem warmen Ort etwa 30 Minuten bis zu doppelter Größe aufgehen lassen. Den Backofen auf 180 °C (Ober-/Unterhitze) schalten. Die gegangenen Buchteln mit flüssiger Butter bestreichen und im vorgeheizten Backofen auf der unteren Schiene etwa 30 Minuten backen. Eventuell nach der Hälfte der Backzeit mit Alufolie abdecken, damit sie an der Oberseite nicht zu dunkel werden. Mit Puderzucker bestäubt servieren.

WARME MOHNBUCHTELN

AUF BIRNEN-HOLUNDERBEER-RAGOUT

Zubereitungszeit:
30 Minuten
+6 Stunden
Gefrieren

ZUTATEN

Für etwa 6 Portionen

100 g Kürbiskerne
150 g Puderzucker
400 g Sahne
4 Eigelb
3-4 EL Kürbiskernöl
Puderzucker zum Bestreuen

Benötigtes Zubehör:
Multi-Zerkleinerer
Profi-Ballonschneebesen

TIPP

Das Kürbiskernparfait wird perfekt ergänzt durch eine fruchtige Beigabe, zum Beispiel eine schnelle Beerensauce. Dafür 800 g einer Mischung aus Heidelbeeren, Brombeeren, Himbeeren, Johannisbeeren und Erdbeeren waschen und verlesen. Die Hälfte der Beeren mit 150 g Zucker und 2 EL Orangenlikör fein pürieren und nach Belieben durch ein feines Sieb streichen. Die ganzen Beeren daruntermischen und die Sauce zum Parfait servieren.

1. Den Backofen auf 180 °C vorheizen. Ein Backblech mit Backpapier auslegen und die Kürbiskerne darauf streuen. Mit 100 g Puderzucker bestäuben und im vorgeheizten Backofen 5-6 Minuten karamellisieren. Den Kürbiskernkrokant herausnehmen und auf dem Backpapier auskühlen lassen. Erkalteten Krokant in Stücke brechen und in den Multi-Zerkleinerer füllen. Den Krokant darin ganz kurz auf maximaler Stufe fein hacken.

2. Die Sahne in die Rührschüssel füllen, den Profi-Ballonschneebesen einsetzen und die Sahne bei Geschwindigkeitsstufe 6 in der Cooking Chef steif schlagen. In eine Schüssel umfüllen.

3. Eigelbe mit 2-3 EL Wasser und restlichem Puderzucker in die Rührschüssel geben (die Schüssel muss vorher nicht gesäubert werden) und die Masse auf maximaler Geschwindigkeitsstufe zunächst 1 Minute bei 40 °C, dann 1 Minute bei 60 °C*, dann 2 Minuten bei 80 °C schaumig schlagen. Die Temperatur auf 0 stellen und die Masse weitere 5 Minuten schlagen, bis sie nur noch lauwarm ist.

4. Gehackten Krokant, Kürbiskernöl und Sahne unter die Eigelbmasse ziehen. Die Parfaitmasse in eine mit Klarsichtfolie ausgelegte Terrinenform von 1 l Inhalt füllen, glatt streichen und für etwa 6 Stunden in das Gefrierfach stellen. Vor dem Servieren die Terrinenform kurz bis zum Rand in heißes Wasser tauchen, Parfait auf ein Brett stürzen und die Klarsichtfolie abziehen. Das Parfait in etwa 2-3 cm dicke Scheiben schneiden, auf Portionsteller legen und servieren.

* Sobald die Temperatur 60 °C übersteigt, wird die Maschine den Rührvorgang wegen der eingebauten Sicherheitsfunktion kurz unterbrechen. Durch Drücken der P-Taste können Sie den Rührvorgang sofort fortsetzen.

KÜRBISKERNPARFAIT

**Zubereitungszeit:
30 Minuten
+ 30-60 Minuten
Kühlen**

ZUTATEN
Für 4 große oder 8 kleine Portionen

2 Eier
4 Blatt Gelatine
1 Prise Salz
50 g Zucker
2 EL Amaretto
250 g Mascarpone
75 g gemahlene Mandeln
1 l Passionsfruchtsaft
4 mittelgroße, nicht zu weiche Pfirsiche
1-2 TL Speisestärke, mit etwas kaltem Wasser verrührt
Amarettini (italienische Mandelmakronen) und Minzeblätter zum Dekorieren

Benötigtes Zubehör:
Profi-Ballonschneebesen
Flexi-Rührelement

1. Eier trennen, dabei die Eiweiße in die Rührschüssel der Cooking Chef geben, die Eigelbe in eine Tasse. Gelatine in kaltem Wasser einweichen. Den Profi-Ballonschneebesen einsetzen. Die Eiweiße mit dem Salz bei Geschwindigkeitsstufe 6 zu steifem Eischnee schlagen, in eine Schüssel umfüllen und kalt stellen. Die Eigelbe mit Zucker und Amaretto in die Rührschüssel geben (eventuelle Reste vom Eischnee stören nicht) und bei Geschwindigkeitsstufe 6 zu einer steifen Schaummasse schlagen. Dabei die Temperatur für 1 Minute auf 40 °C stellen, für 1 Minute auf 60 °C*, für 1 Minute auf 80 °C. Die eingeweichte Gelatine aus dem Wasser nehmen, zur Eigelbmasse geben und unter Rühren darin auflösen.

2. Mascarpone und Mandeln zugeben und bei Geschwindigkeitsstufe 3-4 unterrühren. Die Rührschüssel aus der Maschine nehmen und die Masse etwas abkühlen lassen. Entweder abgedeckt im Kühlschrank erkalten lassen oder auf Eis stellen und kalt rühren.

3. Sobald die Masse zu gelieren beginnt, den Eischnee auf die Eigelbmasse geben und behutsam unterziehen. In einen Spritzbeutel umfüllen, kalt stellen.

4. Den Passionsfruchtsaft in die gesäuberte Rührschüssel geben und mit eingesetztem Spritzschutz bei 140 °C, Intervallstufe 3, aufkochen lassen. Die Pfirsiche waschen, halbieren und den Stein entfernen. Pfirsichhälften in den Fruchtsaft legen und darin etwa 1 Minute pochieren (garziehen lassen). Pfirsichhälften mit einer Schaumkelle herausnehmen, in Eiswasser abschrecken und auf einem Sieb abtropfen lassen. Das Flexi-Rührelement einsetzen und den Fruchtsaft bei 110 °C, Intervallstufe 3, auf etwa ein Drittel einkochen lassen. Die angerührte Speisestärke zugeben und aufkochen lassen. Die Rührschüssel auf Eis setzen und die Fruchtsauce abkühlen lassen. Auf vier oder acht Dessertteller einen Spiegel aus Passionsfruchtsauce verteilen. Die Pfirsichhälften häuten und pro Portion eine oder zwei Pfirsichhälften mit der Höhlung nach oben auf den Saucenspiegel setzen. Die Mandelmousse aus dem Spritzbeutel auf die Pfirsichhälften spritzen. Mit zerbröselten Amarettini und Minze dekorieren.

* Sobald die Temperatur 60 °C übersteigt, wird die Maschine den Rührvorgang wegen der eingebauten Sicherheitsfunktion kurz unterbrechen. Durch Drücken der P-Taste können Sie den Rührvorgang sofort fortsetzen.

MANDELMOUSSE

MIT POCHIERTEM PFIRSICH

Zubereitungszeit:
60 Minuten
+ 2 Stunden
Kochen

ZUTATEN

Für eine Puddingform von 1 l Inhalt
(6-8 Portionen)

Für den Gewürzpudding:
150 g gemischtes Dörrobst
3 Eier
1 Prise Salz
100 g Zucker
50 g weiche Butter
2 EL Vanillezucker
2 TL Lebkuchengewürz
100 g Schokoladenraspel
100 g gemahlene Haselnüsse
50 g Semmelbrösel
Weiche Butter und Zucker für die Form

Für die Rotwein-Zabaione:
4 sehr frische Eigelb (Größe M)
50 g Zucker
100 ml Rotwein
2 EL Cassis (Schwarzer Johannisbeerlikör)

Benötigtes Zubehör:
Multi-Zerkleinerer
Profi-Ballonschneebesen
Flexi-Rührelement

1. Dörrobst in grobe Stücke schneiden und in 150 ml heißem Wasser 15 Minuten einweichen. In den Multi-Zerkleinerer geben und bei maximaler Geschwindigkeitsstufe 30 Sekunden pürieren.

2. Die Eier trennen. Den Profi-Ballonschneebesen einsetzen und die Eiweiße mit 1 Prise Salz in der Rührschüssel der Cooking Chef bei maximaler Geschwindigkeitsstufe steif schlagen. Dabei nach und nach den Zucker einrieseln lassen. Den Eischnee in eine Schüssel umfüllen.
Das Flexi-Rührelement einsetzen. Weiche Butter, Vanillezucker und Lebkuchengewürz in die Rührschüssel geben (Reste vom Eischnee stören dabei nicht) und bei maximaler Geschwindigkeitsstufe cremig rühren. Dabei nacheinander die Eigelbe zugeben. Schokoraspel, Nüsse, Semmelbrösel und püriertes Dörrobst unterrühren. Die Rührschüssel aus der Maschine nehmen und den Eischnee mit dem Teigspatel unterheben.

3. Eine Puddingform von 1 l Inhalt mit Butter ausfetten und mit Zucker ausstreuen. Die Puddingmasse einfüllen und mit einem Deckel oder mit Alufolie abdecken. In der Rührschüssel der Küchenmaschine 1,5 l Wasser bei 140 °C, Intervallstufe 3, mit eingesetztem Spritzschutz zum Kochen bringen. Die Puddingform hineinstellen (sie soll zu zwei Drittel im Wasser stehen), den Spritzschutz aufsetzen und die Temperatur auf 110 °C reduzieren. Den Pudding etwa 2 Stunden garen*. Aus dem Wasserbad nehmen und ruhen lassen, bis die Zabaione hergestellt ist.

4. Für die Zabaione den Profi-Ballonschneebesen in die Cooking Chef einsetzen. Eigelb, Zucker und Rotwein in die Rührschüssel geben und bei maximaler Geschwindigkeitsstufe zunächst 1 Minute bei 40 °C, dann 1 Minute bei 60 °C, dann 2 Minuten bei 80 °C dickschaumig aufschlagen**. Den Cassis unterrühren. Pudding aus der Form stürzen, in 6-8 Scheiben schneiden und mit der Zabaione überziehen.

* Bei Puddingformen mit Rohr verkürzt sich die Garzeit.

** Sobald die Temperatur 60 °C übersteigt, wird die Maschine den Rührvorgang wegen der eingebauten Sicherheitsfunktion kurz unterbrechen. Durch Drücken der P-Taste können Sie den Rührvorgang sofort fortsetzen.

GEWÜRZPUDDING

MIT ROTWEIN-ZABAIONE

Zubereitungszeit: 50 Minuten + 20 Minuten Garen

ZUTATEN

Für 4-5 Portionen

500 g mehlig kochende Kartoffeln
4-5 kleine, reife Aprikosen (Marillen)
4-5 Stücke Würfelzucker
2-3 EL Marillenbrand
2 Eigelb
100 g Mehl
100 g Hartweizengrieß
Je 1 Prise Salz und geriebene Muskatnuss
150 g Butter
75 g Zucker
75 g Semmelbrösel
Puderzucker zum Bestäuben

Benötigtes Zubehör:
Dampfgarsieb
Flexi-Rührelement

1. 1 l Wasser in die Rührschüssel füllen und mit eingesetztem Spritzschutz in der Cooking Chef zum Kochen bringen. In der Zwischenzeit die Kartoffeln schälen und in grobe Stücke schneiden. In das Dampfgarsieb legen, das Sieb in die Rührschüssel über das kochende Wasser setzen und die Kartoffeln bei 140 °C, Intervallstufe 3, mit Spritzschutz in etwa 30 Minuten weich dämpfen. In der Zwischenzeit die Aprikosen waschen, halbieren und entsteinen. Jede Aprikose mit einem in Marillenbrand getauchten Stück Würfelzucker füllen. Die gegarten Kartoffeln herausnehmen und kurz ausdampfen lassen. Durch eine Kartoffelpresse in eine Schüssel drücken. Mit Eigelben, Mehl, Grieß, Salz und Muskat zu einem glatten Teig kneten.

2. In der Rührschüssel 3 l Wasser bei 140 °C mit Spritzschutz zum Kochen aufstellen. Den Teig in vier bis fünf Portionen teilen. Jede Portion zu einer Kugel rollen, in der Hand flach drücken und eine gefüllte Aprikose in die Mitte legen. Den Teig um die Frucht herum schließen und zum Knödel formen.

3. Die Knödel nebeneinander in das Dampfgarsieb ohne den Kunststoffrand legen, die Küchenmaschine aufklappen und das Dampfgarsieb in die Rührschüssel einsetzen. Die Küchenmaschine wieder schließen, den Spritzschutz einsetzen und die Knödel etwa 20 Minuten garen. Die Knödel herausnehmen und auf vorgewärmte Portionsteller verteilen.

4. Butter und Zucker in der Rührschüssel bei 140 °C, Intervallstufe 1, mit eingesetztem Flexi-Rührelement schmelzen. Die Semmelbrösel zugeben und 1 Minute hellbraun anschwitzen. Jeden Knödel mit Bröselbutter beträufeln, mit Puderzucker bestäuben und servieren.

MARILLENKNÖDEL

MIT BRÖSELBUTTER

Zubereitungszeit: 30 Minuten + 3 Stunden Kühlen

ZUTATEN
Für etwa 6 Portionen

5 Eier
1 Prise Salz
150 g Zucker
150 g Sahne
200 g Zartbitter-Schokolade, geschmolzen (siehe Schokolade temperieren, Seite 162)
Schokoladenspäne zum Servieren

Benötigtes Zubehör:
Profi-Ballonschneebesen

TIPP
Zur Mousse au Chocolat passen säuerliche Früchte, etwa Sauerkirschen. Für ein schnelles Sauerkirschragout den Saft aus einem Glas Sauerkirschen (350 g Einwaage) mit 1 Chilischote und 75 g Zucker in die Rührschüssel der Cooking Chef geben und bei 110 °C, Intervallstufe 3, auf die Hälfte einkochen lassen. 1-2 TL Speisestärke mit einigen Esslöffeln Wasser glatt rühren und in den Kirschsaft rühren. Aufkochen lassen, bis die Sauce eindickt. Die Kirschen unterrühren, den Temperatur-Regler auf null stellen und das Sauerkirschragout abkühlen lassen. Das Ragout zur Mousse au Chocolat servieren.

1. Die Eier trennen. Eiweiße mit 1 Prise Salz in die Rührschüssel geben. Den Profi-Ballonschneebesen in die Cooking Chef einsetzen und bei Geschwindigkeitsstufe 6 das Eiweiß 30 Sekunden schlagen. Bei laufendem Rührwerk 100 g Zucker langsam einrieseln lassen und die Masse in etwa 2 Minuten zu steifem Eischnee schlagen. Den Eischnee in eine Schüssel umfüllen.

2. Die Sahne in die Rührschüssel geben und mit eingesetztem Spritzschutz bei maximaler Geschwindigkeitsstufe in etwa 1 Minute steif schlagen. In eine Schüssel umfüllen.

3. Die Eigelbe mit dem restlichen Zucker und 2 EL Wasser in die Rührschüssel geben und bei Geschwindigkeitsstufe 6 zu einer steifen Schaummasse schlagen. Dabei die Temperatur zunächst für 1 Minute auf 40 °C stellen, für 1 Minute auf 60 °C*, für 1 Minute auf 80 °C und abschließend für 4-5 Minuten auf 95 °C.

4. Die geschmolzene Schokolade in einem dünnen Strahl zugießen und bei Geschwindigkeitsstufe 1 unter die Schaummasse rühren. Die Rührschüssel aus der Küchenmaschine nehmen. Die geschlagene Sahne unter die Schokocreme ziehen. Den Eischnee behutsam unterheben. Die Mousse in eine Schüssel füllen und abgedeckt mindestens 3 Stunden kalt stellen.
Zum Servieren von der Mousse Nocken abstechen, auf Portionsteller setzen und mit groben Schokoladenspänen garniert servieren.

* Sobald die Temperatur 60 °C übersteigt, wird die Maschine den Rührvorgang wegen der eingebauten Sicherheitsfunktion kurz unterbrechen. Durch Drücken der P-Taste können Sie den Rührvorgang sofort fortsetzen.

MOUSSE AU CHOCOLAT

Zubereitungszeit: 30 Minuten + 5-6 Stunden Gefrierzeit

ZUTATEN

Für 4-6 Portionen
(je nach Größe der Förmchen)

400 g Sahne
2 Eier
4 Eigelb
2 EL Zimtpulver
100 g Puderzucker
3 EL Orangenlikör (z. B. Grand Marnier)
1 TL Kakao mit 1 TL Zimt gemischt

Benötigtes Zubehör:
Profi-Ballonschneebesen

TIPP

Perfekt zum winterlichen Zimt-Soufflé passt ein Orangenragout: Dafür 2-3 Bio-Orangen bereitlegen. 1 Orange heiß abwaschen und abtrocknen. Die Schale sehr dünn abschälen und in feine Streifen schneiden. Alle Früchte mit einem scharfen Messer so schälen, dass das Weiße der Schale vollständig entfernt wird. Die Orangen filetieren. 200 ml Orangensaft mit 50 g Zucker und den fein geschnittenen Schalenstreifen in die Rührschüssel füllen, bei 140 °C, Intervallstufe 3, zum Kochen bringen und um die Hälfte einkochen lassen. 1 TL Speisestärke in 4 EL kaltem Wasser glatt rühren und in den Orangensaft einrühren, bis er leicht andickt. Die Schüssel aus der Küchenmaschine nehmen, die Orangenfilets unterrühren und das Ragout abkühlen lassen. Das Soufflé mit Orangenragout und gehackten Nüssen bestreut servieren.

1. 4-6 Soufflé-Förmchen (ersatzweise Kaffee- oder Teetassen) mit Backpapierstreifen umwickeln, sodass sie den Rand um etwa 3 cm überragen. Papier mit Klebestreifen an den Förmchen befestigen.

2. Den Profi-Ballonschneebesen in die Cooking Chef einsetzen. Die Sahne in die Rührschüssel geben und bei Geschwindigkeitsstufe 4-5 in etwa 2 Minuten steif schlagen. Sahne in eine Schüssel umfüllen. Eier, Eigelb, Zimt und Puderzucker in die Rührschüssel geben und bei maximaler Geschwindigkeitsstufe in etwa 5 Minuten cremig aufschlagen.

3. Orangenlikör und die geschlagene Sahne durch drei- bis viermaliges Drücken der Taste für leichtes Unterheben behutsam unterheben.

4. Die Masse bis etwa 2 cm über den Förmchenrand in die Förmchen füllen, glatt streichen und für 5-6 Stunden in das Gefrierfach stellen. Gefrorene Eis-Soufflés aus dem Gefrierfach nehmen und etwa 10 Minuten antauen lassen. Dünn mit der Kakao-Zimt-Mischung bestäuben. Papierstreifen entfernen und die Soufflés – eventuell mit Orangenragout und Nüssen (siehe Tipp) – servieren.

GEEISTES ZIMT-SOUFFLÉ

Zubereitungszeit:
60 Minuten
+ 30 Minuten Backen
(Biskuit) + Kühlen

ZUTATEN
Für 4 Portionen

Für den Biskuit:
3 Eier
75 g Zucker
50 g Mehl
30 g Speisestärke

Für die Erdbeeren:
500 g reife Erdbeeren
75 g Gelierzucker 3:1
Saft von 1/2 Zitrone

Für die Vanillecreme:
Mark von 1 Vanilleschote
250 ml Milch
75 g Zucker
3 Eigelb
25 g Speisestärke

Außerdem:
4-5 EL Grand Marnier
200 g Sahne
3 EL geröstete Mandelblättchen, einige Erdbeeren und frische Minze zum Garnieren

Benötigtes Zubehör:
Glas-Mixaufsatz
Profi-Ballonschneebesen

1. Einen Biskuitboden wie beim Rezept „Tiramisu" (Seite 124) beschrieben zubereiten.
Die Erdbeeren waschen, putzen und je nach Größe halbieren, vierteln oder grob würfeln. Die Hälfte der Erdbeeren zusammen mit Gelierzucker und Zitronensaft in den Glas-Mixaufsatz füllen und pürieren. Das Püree in die Rührschüssel der Cooking Chef füllen. Den Profi-Ballonschneebesen einsetzen und bei 140 °C, Geschwindigkeitsstufe 1, das Erdbeerpüree etwa 5 Minuten sprudelnd kochen lassen. In eine Schüssel füllen und abkühlen lassen. Rührschüssel und Schneebesen säubern.

2. Das Vanillemark mit Milch, Zucker, Eigelb und Speisestärke in die Rührschüssel geben. Den Profi-Ballonschneebesen einsetzen und die Mischung bei 110 °C, Geschwindigkeitsstufe 2, in etwa 2 Minuten zum Pudding kochen.* Diesen in eine Schüssel gießen und auf Eis kalt rühren oder zugedeckt im Kühlschrank erkalten lassen.

3. Biskuit in etwa 1,5 cm große Würfel schneiden. Diese abwechselnd mit den geschnittenen Erdbeeren, der Erdbeermarmelade und dem Vanillepudding in eine große Glasschüssel oder in Portionsgläser einschichten. Dabei die Biskuitwürfel jeweils mit etwas Grand Marnier beträufeln.

4. Den Profi-Ballonschneebesen einsetzen. Die Sahne in die Rührschüssel füllen und mit eingesetztem Spritzschutz bei maximaler Geschwindigkeitsstufe cremig steif schlagen. Sahne auf dem Trifle verteilen. Mit Erdbeeren, gerösteten Mandelblättchen und Minze garnieren.

* Sobald die Temperatur 60 °C übersteigt, wird die Maschine den Rührvorgang wegen der eingebauten Sicherheitsfunktion kurz unterbrechen. Durch Drücken der P-Taste können Sie den Rührvorgang sofort fortsetzen.

ERDBEER-TRIFLE

since 1994
KENWOOD
COOKING CHEF

KUCHEN, TORTEN & GEBÄCK

KENWOOD
CREATE MORE

Zubereitungszeit:
60 Minuten
+ 60 Minuten Backen
+ 6-8 Stunden Kühlen

ZUTATEN

Für 12-16 Stücke (Springform von Ø 22-24 cm)

700 g Äpfel
3 EL Zitronensaft

Für die Nussmischung:
100 g gehackte Walnüsse
50 g Pinienkerne
50 g Zucker

Für den Rührteig:
150 g weiche Butter
150 g Zucker
1 Päckchen Vanillezucker
1 Prise Salz
3 Eier
250 g Dinkelmehl
1 TL Backpulver
150 g zimmerwarme Sahne

Für die Apfelwein-Creme:
3 Blatt Gelatine
2 Eier
200 ml Apfelwein
80 g Zucker
2-3 TL Speisestärke

Benötigtes Zubehör:
Multi-Zerkleinerer
Flexi-Rührelement
Profi-Ballonschneebesen

TIPP

Besonders hübsch sieht die Torte aus, wenn man die Oberfläche noch mit etwas geschlagener Sahne verziert und mit einer Zimt-Zucker-Mischung bestreut.

1. Die Äpfel schälen, vom Kerngehäuse befreien und achteln. Im Multi-Zerkleinerer mit dicker Schneidscheibe (Nr. 5) in Stücke schneiden. Mit dem Zitronensaft mischen.

2. Nüsse und Pinienkerne mit dem Zucker vermischen und auf einem mit Backpapier ausgelegten Backblech verteilen. Den Backofen auf Grillstufe schalten und die Nüsse darin 3-4 Minuten rösten. Dabei ab und zu mit einem Löffel wenden. Herausnehmen und abkühlen lassen. Für den Rührteig das Flexi-Rührelement in die Cooking Chef einsetzen. Butter, Zucker, Vanillezucker und eine Prise Salz in die Rührschüssel füllen und auf maximaler Geschwindigkeitsstufe etwa 2 Minuten cremig rühren. Nach und nach bei laufender Maschine die Eier unterrühren. Die Maschine ausschalten. Mehl mit Backpulver vermischen, zugeben und bei minimaler Geschwindigkeitsstufe unterziehen. Die handwarme Sahne unterrühren und die Rührschüssel aus der Maschine nehmen. Die Apfelstückchen mit einem Teigspatel unterheben.

3. Den Backofen auf 180 °C (Ober-/Unterhitze) vorheizen. Den Springformboden mit Backpapier bespannen. Die Hälfte des Rührteigs in der Springform verteilen. Die Nussmischung darübergeben. Mit dem restlichen Rührteig bedecken. Den Kuchen etwa 60 Minuten backen. Den Kuchen aus dem Ofen nehmen und in der Form auskühlen lassen.

4. Für die Creme die Gelatine etwa 5 Minuten in kaltem Wasser einweichen. Die Eier trennen. Den Profi-Ballonschneebesen in die Cooking Chef einsetzen, die Eiweiße in die Rührschüssel füllen und bei maximaler Geschwindigkeitsstufe steif schlagen. In eine Schüssel umfüllen. Die Eigelbe mit Apfelwein, Zucker und Stärke in die Rührschüssel geben (Reste von Eischnee an Schneebesen und Schüssel stören nicht). Bei 100 °C, Intervallstufe 3, in etwa 2 Minuten dick cremig aufschlagen. Die eingeweichte Gelatine aus dem Wasser nehmen und in die Eigelbmasse geben. Noch einige Sekunden rühren lassen, bis sich die Gelatine gelöst hat. Die Masse in eine Schüssel umfüllen und abkühlen lassen. Den Eischnee unterziehen. Die Creme auf dem Rührteig verteilen und glatt streichen. Für 3 Stunden in den Kühlschrank stellen. Die Torte aus dem Kühlschrank nehmen, mit einem kleinen Messer innen am Springformrand entlang fahren, um Teig und Creme von der Form zu lösen. Die Torte in Stücke schneiden und servieren.

APFEL-WALNUSS-TORTE

Zubereitungszeit: 30 Minuten + etwa 1 Stunde Backen

ZUTATEN
Für etwa 12 Stücke
(Kastenkuchenform von 24 cm Länge)

Für den Teig:
4 zimmerwarme Eier (Größe L)
250 g Zucker
250 g weiche Butter
1 EL Vanillezucker
2-3 EL Rum
250 g Mehl
2 TL Backpulver
1 Prise Salz
2 TL Kakaopulver

Für die Glasur:
100 g Zartbitter-Schokolade
10 g gehärtetes Kokosfett (z. B. Palmin)

Benötigtes Zubehör:
Profi-Ballonschneebesen
Flexi-Rührelement

1. Die Eier trennen. Die Eiweiße mit der Hälfte des Zuckers in die Rührschüssel der Cooking Chef geben. Den Profi-Ballonschneebesen einsetzen und die Eiweiße bei maximaler Geschwindigkeitsstufe cremig steif schlagen. Eischnee in eine Schüssel umfüllen. Eine Kastenkuchenform von 24 cm Länge mit Backpapier auskleiden.

2. Den Backofen auf 180 °C (Ober-/Unterhitze) vorheizen. Das Flexi-Rührelement einsetzen und Butter, restlichen Zucker und Vanillezucker in die Rührschüssel geben (Reste von Eischnee stören nicht). Butter und Zucker bei Geschwindigkeitsstufe 5 etwa 2 Minuten hell cremig rühren. Rum, Mehl, Backpulver und Salz zugeben und bei minimaler Geschwindigkeitsstufe 30 Sekunden unterrühren. Den Eischnee auf den Teig geben und wieder bei minimaler Geschwindigkeitsstufe 30 Sekunden unterheben. Rührschüssel aus der Maschine nehmen und den Teig mit dem Teigspatel noch kurz durchrühren.

3. Zwei Drittel des Teigs in die Kuchenform füllen. Das restliche Drittel mit dem Kakaopulver verrühren und auf dem hellen Teig verteilen. Zum Marmorieren mit einer Gabel spiralförmig durch die beiden Teigschichten ziehen. Den Kuchen im vorgeheizten Backofen etwa 1 Stunde backen.

4. Für die Glasur die Schokolade mit dem Kokosfett in der Rührschüssel der Cooking Chef schmelzen (siehe „Schokolade temperieren", Basisrezepte Seite 162) und den Marmorkuchen mit der Glasur überziehen.

»KUCHEN, TORTEN & GEBÄCK«

MARMORKUCHEN

Zubereitungszeit: 45 Minuten + 30-45 Minuten Trocknen + 30 (2 x 15) Minuten Backen

ZUTATEN
Für 30 Stück

Für die Makronenmasse:
50 g geschälte, gemahlene Mandeln
75 g grüne Pistazienkerne
210 g Puderzucker
100 g Eiweiß (von etwa 3-4 Eiern)
30 g Zucker

Für die Himbeerfüllung:
125 g weiche Butter
100 g Himbeermarmelade (oder Himbeermark mit 2 EL Zucker)

Benötigtes Zubehör:
Multi-Zerkleinerer
Profi-Ballonschneebesen
Flexi-Rührelement

TIPP
Das Gewicht der Eiweiße muss für diesen Teig genau abgemessen werden. Je nach Eigröße brauchen Sie 3 oder 4 Eier dazu.
Wenn Sie bei Ihrem Backofen die Unterhitze nicht ohne Oberhitze einstellen können, backen Sie die Macarons bei Ober- und Unterhitze auf der mittleren Schiene und schieben ein leeres Backblech auf die oberste Schiene.

1. Den Backofen auf 150 °C Unterhitze (siehe Tipp) vorheizen. Mandeln, Pistazien und Puderzucker in den Multi-Zerkleinerer geben und bei maximaler Geschwindigkeitsstufe mindestens 1 Minute lang sehr fein mahlen.

2. Den Profi-Ballonschneebesen in die Cooking Chef einsetzen. Eiweiß in die Rührschüssel geben und bei maximaler Geschwindigkeit steif schlagen, dabei den Zucker langsam einrieseln lassen. Die Rührschüssel aus der Maschine nehmen und die Mandel-Pistazien-Mischung mit dem Teigspatel nach und nach behutsam unter den Eischnee heben.

3. Zwei Backbleche mit Backpapier oder - besser noch - Silikonbackmatten auslegen und die Makronenmasse in einen Spritzbeutel mit kleiner Lochtülle umfüllen. 60 Tupfen von etwa 3 cm Ø auf die Backbleche spritzen. Die Bleche an einen warmen, trockenen Ort stellen und die Macarons etwa 30 Minuten antrocknen lassen. Die Bleche nacheinander in den Ofen auf die zweite Schiene von unten schieben und die Macarons jeweils etwa 15-18 Minuten backen. Sie sollen nicht bräunen. Während des Backens die Backofentür mit Hilfe eines eingeklemmten Kochlöffelstiels einen Spalt offen lassen, damit die Feuchtigkeit abziehen kann. Die Macarons herausnehmen und auf den Blechen abkühlen lassen.

4. Für die Füllung die weiche Butter in die Rührschüssel geben und mit dem eingesetzten Flexi-Rührelement bei Geschwindigkeitsstufe 6 cremig rühren. Die Marmelade dazugeben und bei Geschwindigkeitsstufe 4 darunter rühren. Die Creme in einen Spritzbeutel füllen und je einen Tupfen auf die Unterseite der Hälfte der abgekühlten Macarons spritzen. Restliche Macarons darauf setzen.

PISTAZIEN-MACARONS

MIT HIMBEERFÜLLUNG

Zubereitungszeit:
30 Minuten
+ 35-40 Minuten
Backen

ZUTATEN
Für 4-6 Portionen

Für das Sorbet:
450 g Himbeeren (TK)
100 g Puderzucker
200 ml Kokosmilch
50 ml Kokoslikör (z.B. Batida de Coco)
Saft von 1 Limette

Für die Tarte:
200 g Zartbitter-Schokolade
(70 % Kakao)
1 Prise Salz
150 g Butter
4 Eier
150 g Zucker
1 EL Rum

Benötigtes Zubehör:
Multi-Zerkleinerer
Flexi-Rührelement
Profi-Ballonschneebesen

1. Gefrorene Himbeeren mit den übrigen Zutaten für das Sorbet in den Multi-Zerkleinerer geben und bei höchster Stufe zu einer glatten Creme pürieren. In eine Schüssel umfüllen und ins Gefrierfach stellen, bis die Tarte gebacken ist.

2. Die Schokolade hacken oder in kleine Stücke brechen und in die gesäuberte Rührschüssel geben. Das Flexi-Rührelement einsetzen und die Schokolade bei 40 °C, Intervallstufe 2, etwa 1 Minute erwärmen. 1 Prise Salz zugeben. Die Butter würfeln und dazugeben, beides zusammen in weiteren 5 Minuten schmelzen. In eine Schüssel umfüllen und etwas abkühlen lassen. Eine Tarteform (Ø 24 cm) mit Backpapier auslegen. Den Backofen auf 160 °C (Ober-/Unterhitze) vorheizen.

3. In der Zwischenzeit die Rührschüssel säubern. Eier und Zucker hineingeben und mit dem Profi-Ballonschneebesen auf maximaler Geschwindigkeitsstufe ohne Temperatur zu einer hellen Schaummasse schlagen. Die abgekühlte Schokoladen-Butter-Mischung und den Rum dazugießen und bei Geschwindigkeitsstufe 1-2 unterrühren.

4. Die Masse in die vorbereitete Tarteform einfüllen und im vorgeheizten Backofen etwa 35-40 Minuten backen. Die Tarte aus dem Ofen nehmen, in der Form etwas abkühlen lassen, in 4-6 Portionen teilen und auf Tellern anrichten. Mit dem Himbeer-Kokos-Sorbet servieren.

SCHOKOLADENTARTE

MIT HIMBEER-KOKOS-SORBET

ZUTATEN

Für 12-16 Stücke (Tarteform von Ø 24 cm)

Für den Mürbeteig:
100 g Butter
200 g Mehl
50 g Puderzucker
Hülsenfrüchte zum Blindbacken
Mehl für die Arbeitsfläche

Für die Zitronencreme:
3-4 Zitronen, unbehandelt
125 g Butter
125 g Zucker
4 Eigelb

Für das Baiser:
3 Eiweiß
1 Prise Salz
75 g Zucker

Benötigtes Zubehör:
K-Haken
Profi-Ballonschneebesen

1. Für den Mürbeteig den K-Haken in die Cooking Chef einsetzen. Die Butter in Würfel schneiden und zusammen mit Mehl und Puderzucker in die Rührschüssel geben. Bei Geschwindigkeitsstufe 1 kneten, bis sich die Zutaten zu Streuseln verbunden haben. Bei Geschwindigkeitsstufe 3 zu einem kompakten Teig verarbeiten, in Frischhaltefolie wickeln und kühl stellen.
2. In der Zwischenzeit für die Zitronencreme die Zitronen heiß abwaschen und abtrocknen. Die Schale fein abreiben und die Zitronen auspressen. Den Profi-Ballonschneebesen in die Cooking Chef einsetzen. Butter, Zucker, Eigelbe, 125 ml Zitronensaft und Zitronenschale in die Rührschüssel geben und bei 110 °C, Geschwindigkeitsstufe 4, 5-8 Minuten schaumig rühren, bis die Mischung dicklich wird *. Auf Handwärme abkühlen lassen.
3. Den Backofen auf 200 °C (Ober-/Unterhitze) vorheizen. Die Tarteform (am besten mit Hebeboden) mit Butter auspinseln oder mit Backpapier auslegen. Mürbeteig auf einer bemehlten Arbeitsfläche etwa 3 mm dünn und 3 cm größer als die Form ausrollen. Die Form mit dem Teig auskleiden, überstehenden Teig mit einem Küchenmesser wegschneiden. Backpapier auf den Teig legen und mit getrockneten Hülsenfrüchten auffüllen. Dabei ausreichend Backpapier überstehen lassen, damit man die Hülsenfrüchte wieder bequem herausheben kann. Den Mürbeteig im Backofen auf der untersten Schiene etwa 15 Minuten vorbacken. Hülsenfrüchte und Backpapier entfernen und den Teig weitere 8 Minuten backen, bis er goldbraun ist. In der Form etwas abkühlen lassen. Die Zitronencreme auf den Boden füllen und glatt streichen. Den Backofen auf 180 °C zurückschalten und die Tarte 15 Minuten backen, bis die Creme gestockt ist.
4. Für das Baiser die Eiweiße mit einer Prise Salz in die Rührschüssel füllen, die Rührschüssel muss kalt sein, damit der Eischnee steif wird. Den Profi-Ballonschneebesen einsetzen und die Eiweiße bei maximaler Geschwindigkeitsstufe zunächst 30 Sekunden anschlagen, dann bei laufender Maschine den Zucker langsam einrieseln lassen und den Eischnee sehr steif schlagen. Tarte aus dem Backofen nehmen, den Ofen auf 210 °C schalten. Eischnee auf der Zitronencreme verteilen und die Tarte noch einmal 10-15 Minuten backen, bis das Baiser an der Oberfläche goldgelb ist.
Die Tarte in der Form vollständig auskühlen lassen.

* Sobald die Temperatur 60 °C übersteigt, wird die Maschine den Rührvorgang wegen der eingebauten Sicherheitsfunktion kurz unterbrechen. Durch Drücken der P-Taste können Sie den Rührvorgang sofort fortsetzen.

TARTE AU CITRON

Zubereitungszeit:
45 Minuten + etwa
30 Minuten Backen

ZUTATEN

Für 12 Stück

2 feste, reife Birnen
Saft von 1 Zitrone
250 g weiche Butter
125 g Zucker
2 zimmerwarme Eier
125 g Mehl
2 TL Backpulver
2 EL Kakaopulver
50 g geraspelte Schokolade
350 ml roter Portwein
50 g Puderzucker
1 gestr. EL Speisestärke
Kakaopulver zum Garnieren

Benötigtes Zubehör:
Flexi-Rührelement
Profi-Ballonschneebesen

TIPP

Eine besonders hübsche Garnitur sind selbst gemachte Schokoladensplitter: Dafür etwa 100 g Zartbitter-Schokolade in der Rührschüssel der Cooking Chef schmelzen (siehe „Schokolade temperieren", Basisrezepte Seite 162), mit einer Palette oder einer Teigkarte auf einen Bogen Backpapier streichen und im Kühlschrank erstarren lassen. Die fest gewordene Schokolade in Splitter brechen und diese in die Buttercreme auf der Oberfläche der Muffins stecken.

1. Birnen schälen, vom Kerngehäuse befreien und in Würfel schneiden. Mit dem Zitronensaft vermischen. Den Backofen auf 180 °C (Ober-/Unterhitze) vorheizen. Das Flexi-Rührelement in die Cooking Chef einsetzen. Die Hälfte der Butter und den Zucker in die Rührschüssel geben und bei maximaler Geschwindigkeitsstufe etwa 3 Minuten schaumig rühren. Bei Geschwindigkeitsstufe 5 die Eier nach und nach zugeben. Ausschalten und das mit Backpulver gemischte Mehl, Kakao, Schokolade und 75 ml Portwein zugeben. Die Birnenwürfel zugeben und ein- bis zweimal die Taste für leichtes Unterheben drücken.

2. Die 12 Mulden einer Muffinbackform mit Papierförmchen auslegen. Jedes Förmchen zu zwei Drittel mit dem Teig füllen und die Muffins im vorgeheizten Ofen etwa 30 Minuten backen. Herausnehmen und erkalten lassen.

3. Den Profi-Ballonschneebesen in die Küchenmaschine einsetzen. Restlichen Portwein und Puderzucker in die Rührschüssel geben und bei 140 °C, Intervallstufe 3, etwa 8 Minuten auf die Hälfte einkochen lassen. Die Maschine ausschalten, 2-3 EL des eingekochten Portweins entnehmen und in einer kleinen Schüssel mit der Stärke glatt rühren. Die Maschine wieder einschalten, die angerührte Stärke zugeben und bei 140 °C, Geschwindigkeitsstufe 4, 3-4 Minuten kochen lassen.* Die Temperatur ausschalten und bei Geschwindigkeitsstufe 5 die restliche Butter in Würfeln nach und nach zufügen. Etwa 1 Minute glatt rühren. Die Buttercreme in eine Schüssel umfüllen und für etwa 1 Stunde in den Kühlschrank stellen, bis sie eine streichfähige Konsistenz hat.

4. Die Buttercreme mit einem Löffel auf die Cupcakes streichen und die Oberfläche mit etwas Kakaopulver bestäuben.

* Falls die Maschine noch heiß ist, greift die eingebaute Sicherheitsfunktion. Dann wird die volle Geschwindigkeit erst erreicht, wenn Sie die P-Taste drücken.

SCHOKO-BIRNEN-CUPCAKES

MIT PORTWEINCREME

Zubereitungszeit:
1 Stunde
+ 12-15 Minuten
Backen

ZUTATEN

Für 4 Portionen

1/2 Würfel frische Hefe (21 g)
1 TL Zucker
5 EL Olivenöl
250 g Weizenmehl (Type 550)
250 g Dinkelvollkornmehl
1 EL Salz
4 aromatische Birnen
Saft von 1 Zitrone
150 g geräucherter Speck
3 Zweige Rosmarin
180 g gemischte Nüsse
(z.B. Walnüsse, Haselnüsse, Mandeln)
Meersalz, Pfeffer

Benötigtes Zubehör:
Profi-Teighaken

1. 300 ml Wasser in die Rührschüssel der Cooking Chef geben, den Profi-Teighaken einsetzen und das Wasser bei 40 °C, Intervallstufe 1, erwärmen. Die Hefe ins Wasser bröseln und darin auflösen. Zucker, 2 EL Olivenöl, Mehl und 1 Prise Salz zufügen und 5 Minuten bei Stufe 4-5 zu einem glatten, geschmeidigen Teig kneten. Den Teighaken entfernen und den Teig bei 45 °C, Intervallstufe 3, mit eingesetztem Spritzschutz 25 Minuten zur doppelten Größe aufgehen lassen (siehe auch Basisrezepte „Hefeteig herstellen", Seite 163).

2. In der Zwischenzeit die Birnen schälen, halbieren und das Kerngehäuse entfernen. Birnenhälften in Spalten schneiden und mit Zitronensaft beträufeln. Speck in Würfel schneiden, Rosmarinnadeln vom Zweig streifen und hacken. Die Nüsse grob hacken. Den Backofen auf 225 °C (Ober-/Unterhitze) vorheizen.

3. Den Teig aus der Schüssel nehmen und in vier Portionen teilen. Jede Portion zu einem flachen länglichen Fladen formen und diese nebeneinander auf ein mit Backpapier bedecktes Blech legen.

4. Die Teigfladen dicht mit den Birnenspalten belegen. Nüsse, Speck und Rosmarin gleichmäßig auf den Birnenspalten verteilen. Birnen-Focaccia mit restlichem Olivenöl beträufeln, mit Salz und Pfeffer bestreuen und im heißen Ofen etwa 12-15 Minuten backen.

BIRNEN-FOCACCIA

MIT ROSMARIN UND SPECK

Zubereitungszeit:
45 Minuten
+ 30 Minuten Gehen
+ 20 Minuten Kochen/
Backen

ZUTATEN
Für 4 Stück

Für die Tomatensauce:
6-8 Eiertomaten
2-3 Schalotten
2 Knoblauchzehen
1 Chilischote
Je 4 Zweige Oregano und Thymian
2-3 EL Olivenöl
50 g Tomatenmark
1 TL Zucker
Salz, Pfeffer

Für den Pizzateig:
1/2 Würfel frische Hefe (21 g)
400 g Mehl
1 TL Salz
1 EL Olivenöl
Mehl für die Arbeitsfläche

Zum Belegen:
200 g Büffelmozzarella
2 EL Olivenöl
1 Töpfchen Basilikum

Benötigtes Zubehör:
Flexi-Rührelement
Profi-Teighaken

1. Für die Tomatensauce die Tomaten waschen, abtrocknen, vierteln und entkernen, dabei den grünen Stielansatz entfernen. Das Fruchtfleisch grob würfeln. Schalotten, Knoblauch und Chili schälen und fein würfeln. Die Kräuter waschen und trocken tupfen, die Blättchen abzupfen und fein hacken. Das Flexi-Rührelement in die Cooking Chef einsetzen. Das Olivenöl bei 140 °C, Intervallstufe 3, in der Rührschüssel kurz erhitzen. Chili, Knoblauch und Schalotten darin 1 Minute anschwitzen. Tomatenwürfel, Tomatenmark, Zucker und Kräuter zugeben und die Sauce bei 105 °C, Intervallstufe 3, 6-8 Minuten kochen lassen. In eine Schüssel umfüllen, mit Salz und Pfeffer abschmecken und beiseite stellen.

2. Für den Teig die Hefe mit 250 ml lauwarmem Wasser in die Rührschüssel geben. Den Profi-Teighaken einsetzen und bei 45 °C, Geschwindigkeitsstufe 2, Mehl, Salz und Olivenöl einrühren. Die Geschwindigkeit auf Intervallstufe 3 schalten und den Teig etwa 5 Minuten kneten. Den Profi-Teighaken entfernen, den Spritzschutz einsetzen und den Teig etwa 30 Minuten in der Schüssel gehen lassen.

3. Den Teig auf eine bemehlte Arbeitsfläche geben, kurz zusammenkneten und in vier gleich große Portionen teilen. Jede Portion zu einem dünnen runden Boden von etwa 20 cm Ø ausrollen und einen etwas dickeren Rand formen. Die Pizzaböden auf ein mit Backpapier belegtes Backblech legen. Den Backofen auf 250 °C (Ober-/Unterhitze) vorheizen.

4. Den Mozzarella in Scheiben schneiden. Die Böden mit der Tomatensauce bestreichen und gleichmäßig mit den Mozzarellascheiben belegen, dabei rundherum einen Rand von 2 cm frei lassen. Die Pizzen im heißen Ofen auf der untersten Schiene etwa 10-12 Minuten backen. Die Basilikumblätter abzupfen, waschen und trocken tupfen. Die heißen Pizzen mit Olivenöl beträufeln, mit Salz und Pfeffer würzen und mit Basilikumblättern bestreuen.

PIZZA MARGHERITA

since 1994
KENWOOD

BASISREZEPTE

KENWOOD
CREATE MORE

SCHOKOLADE TEMPERIEREN

ZUTATEN

Schokolade (Block oder Tafel)

Benötigtes Zubehör:
Multi-Zerkleinerer
Flexi-Rührelement

1. Den Multi-Zerkleinerer mit grober Raspelscheibe (Nr. 3) auf die Cooking Chef aufsetzen. Die Schokolade raspeln.
2. Die Schokolade in die Rührschüssel füllen und das Flexi-Rührelement einsetzen.
3. Die Schokolade bei 60 °C, Intervallstufe 3, in etwa 3 Minuten schmelzen.

WOFÜR?

Temperierte Schokolade wird für alle Rezepte eingesetzt, in denen geschmolzene Schokolade zum Einsatz kommt: Kuchen, Gebäck, Süßspeisen, Saucen etc., z.B. Schokoladentarte (Seite150), Mousse au Chocolat (Seite 136) und Marmorkuchen (Seite146).
Durch das Temperieren wird Schokolade besser formbar. Wenn temperierte Schokolade in einer Glasur verwendet wird, glänzt sie schön und bleibt stabil. Schokolade mit einem hohen Anteil an Kakaobutter enthält viel Fett, das je nach Temperatur zu stabilen oder unstabilen Kristallen erstarrt – die Schokolade wird dann entsprechend fest und glänzend oder stumpf und klebrig. Wichtig beim Temperieren sind deshalb die gleichbleibende, nicht zu hohe Temperatur - weshalb man Schokolade normalerweise im Wasserbad schmilzt - und das gleichmäßige Rühren während des Schmelzvorgangs.

VORTEILE MIT DER COOKING CHEF:

Die Cooking Chef bietet zum Temperieren von Schokolade zwei wichtige Vorteile:

- Sie hält die Temperatur exakt auf zwei Grad genau.
- Das Flexi-Rührelement durchmischt die Schokolade sehr gleichmäßig über den gesamten Schmelzvorgang hinweg.

HEFETEIG HERSTELLEN

1. Flüssigkeit (Wasser, Milch) in die Rührschüssel der Cooking Chef geben, den Profi-Teighaken einsetzen und die Flüssigkeit auf 40 °C erwärmen. Die Hefe in das Wasser bröckeln und bei Intervallstufe 1 auflösen.

2. Mehl, Fett, Salz und Zucker dazugeben. Daraus auf mittlerer Geschwindigkeitsstufe (4-5), Temperaturschalter auf 0, etwa 5 Minuten lang einen Teig kneten.

3. Den Teighaken entfernen und den Teig mit eingesetztem Spritzschutz bei 45 °C, Intervallstufe 3, 25 Minuten gehen lassen. Den Teig aus der Schüssel nehmen und nach Rezept weiterverarbeiten.

WOFÜR?

Alle Gebäcke aus Hefeteig, z. B. Pizza (Seite 158), Focaccia (Seite 156).

VORTEILE MIT DER COOKING CHEF:

- Die Flüssigkeit für die Hefe wird durch die zuverlässige Temperatureinstellung der Cooking Chef nicht zu heiß. Zu hoch temperierte Flüssigkeit ist einer der häufigsten Gründe dafür, dass ein Hefeteig nicht aufgehen will. Temperaturen über 45 °C zerstören die Hefezellen.
- Gleichmäßige Temperatur beim Gehen in der Cooking Chef garantiert einen perfekten, feinporigen Hefeteig – ganz unabhängig von der Temperatur in Ihrer Küche.

ZUTATEN
für etwa 1,5 kg Hefeteig:

500 ml Flüssigkeit (Wasser oder Milch, je nach Rezept)
1 Würfel frische Hefe (42 g)
1 kg Mehl
100 g Fett (Olivenöl oder Butter)
3 TL Salz
1 TL Zucker oder Honig

Benötigtes Zubehör:
Profi-Teighaken

FISCH CONFIEREN

ZUTATEN
für etwa 4 Portionen

600-800 g Fischfilet
1 l mildes Olivenöl
Aromaten (z.B. Rosmarin, Thymian, Estragon, Petersilie, Knoblauch, Schalotten, Piment, Pfeffer, Lorbeerblatt)
600-800 g Fischfilet (mit oder ohne Haut)

1. In die Rührschüssel der Cooking Chef die Aromaten geben und das Olivenöl einfüllen.
2. Das Öl mit den Aromaten bei Intervallstufe 3 etwa 15 Minuten bei 65 °C erhitzen.
3. Das Fischfilet in Portionsstücke schneiden und in das Öl legen. Die Fischstücke müssen vollständig vom Öl bedeckt sein. Den Fisch bei Intervallstufe 3 und 65 °C 12-15 Minuten (je nach Größe der Stücke) confieren. Den Fisch aus dem Öl heben und servieren. Das Öl durch ein Sieb gießen und aufbewahren. Es kann ein weiteres Mal zum Confieren oder Braten von Fisch verwendet werden.

WOFÜR?
Die Garmethode des Confierens eignet sich für alle Fischarten mit festem Fleisch, z.B. Lachsforelle, Lachs, Dorade, Wolfsbarsch, Seeteufel, Saibling, Makrele. Sie garantiert im Gegensatz zum Braten in der Pfanne, dass der Fisch nicht trocken wird. Das Fett dringt nicht in das Fischfleisch ein, sondern es ummantelt den Fisch und bewahrt ihn vor dem Austrocknen und vor Aromaverlust.

VORTEILE MIT DER COOKING CHEF:
Das Confieren ist eine Garmethode, wie sie bevorzugt in der gehobenen Gastronomie angewendet wird. Mit der Cooking Chef ist diese Methode nun auch im Privathaushalt ganz einfach durchführbar. Durch das sanfte Erhitzen in der Cooking Chef entsteht keine Geruchsbelästigung durch erhitztes Fett, es gibt keine Fettspritzer und kein Überkochen von Fett.
Die in der Cooking Chef garantierte konstante Temperatur ermöglicht gleichmäßiges Garen und gibt damit eine Gelinggarantie für ein perfektes Fischgericht.

POCHIEREN

1. Die Flüssigkeit mit den Aromagebern in die Rührschüssel der Cooking Chef füllen. Bei Intervallstufe 3 auf etwa 80 °C erhitzen.

2. Fleisch oder Fisch in die erhitzte Flüssigkeit einlegen, sodass die zu garenden Stücke vollständig vom Sud bedeckt sind. Den Spritzschutz einsetzen.

3. Die Fleisch- oder Fischstücke bei etwa 80 °C garen. Die Garzeit richtet sich nach der Art der Lebensmittel und nach deren Dicke. Medaillons vom Rinderfilet brauchen zum Beispiel etwa 8 Minuten, Tranchen vom Lachs ebenfalls etwa 6-8 Minuten – je nach Dicke der Fleisch- bzw. Fischstücke.

WOFÜR?

- Das Pochieren eignet sich für zarte Fleischstücke wie Filet, etwa vom Kalb oder vom Rind, oder Innereien, und feines Geflügel. Das Filet kann im Ganzen oder in dicke Medaillons geschnitten pochiert werden.
- Ganze Fische lassen sich gut pochieren – der Fisch bekommt zusätzliches Aroma und das Fischfleisch wird nicht trocken.
- Auch Gemüse und Obst wird pochiert, meist aber zur Weiterverarbeitung. Pfirsiche, Aprikosen, Tomaten etc. werden pochiert, um sie knapp zu garen und die Haut leichter abziehen zu können.

VORTEILE MIT DER COOKING CHEF:

- Durch die exakte Temperaturregulierung wird das Gargut exakt auf den Punkt gegart.

ZUTATEN
für 4 Portionen

1 l Flüssigkeit
(z. B. Fond oder je 500 ml Fond und Wasser)
Aromageber
(z. B. Kräuter, Gewürze, Zwiebel, Schalotte, Knoblauch)
Zu pochierendes Lebensmittel
(z. B. 4-8 zarte Fleischstücke oder Fisch)

MAYONNAISE ZUBEREITEN

ZUTATEN
für 4 Portionen

2-3 sehr frische Eigelb
1 TL Senf (z.B. Dijon-Senf)
250 ml geschmacksneutrales Öl (z.B. Distelöl)
1-2 EL Weißweinessig oder Zitronensaft
Salz, Pfeffer

Benötigtes Zubehör:
Profi-Ballonschneebesen

WICHTIG
Alle Zutaten und Gerätschaften müssen bei der Mayonnaise-Herstellung Zimmertemperatur haben. Kalte Eigelb, kaltes Öl oder eine kalte Rührschüssel führen dazu, dass sich die Zutaten nicht zu einer Emulsion verbinden. Mayonnaise ist gut verschlossen im Kühlschrank etwa eine Woche haltbar – eine längere Aufbewahrung ist wegen der rohen Eigelbe nicht ratsam.

1. Eigelbe mit Senf und Wasser in die Rührschüssel der Cooking Chef geben. Den Profi-Ballonschneebesen einsetzen und die Mischung bei Geschwindigkeitsstufe 6 30 Sekunden lang cremig aufschlagen.
2. Bei laufendem Rührwerk das Öl zuerst tropfenweise, dann in dünnem Strahl dazugießen, bis sich Eigelbmischung und Öl zu einer sämigen Emulsion verbunden haben.
3. Die Mayonnaise mit Essig oder Zitronensaft, Salz und Pfeffer abschmecken.

WOFÜR?
- Mayonnaise ist eine beliebte Salatsauce, die man zum Beispiel durch das Verwenden unterschiedlicher Öle geschmacklich variieren kann – etwa durch Nussöle, Olivenöl oder steirisches Kürbiskernöl.
- Mayonnaise wird gern als Beigabe zu Fleisch, Fisch, Geflügel, Gemüse und Eiern gereicht – und natürlich zu Pommes frites.
- Mayonnaise dient auch als Grundlage vieler weiterer Saucen, wie etwa Remouladensauce (mit gehackten Gewürzgurken, Kapern und Sardellenfilets), Aioli (mit Knoblauch) oder Thunfischsauce (mit püriertem eingelegtem Thunfisch) für Vitello Tonnato (siehe Seite 12).

VORTEILE MIT DER COOKING CHEF:
- Der Profi-Ballonschneebesen ermöglicht durch seine weite Ballonform das Unterschlagen vieler kleiner Luftbläschen, die der Mayonnaise Volumen und Stand verleihen.
- Die Schlagkraft des Profi-Ballonschneebesens beugt einem Gerinnen der Mayonnaise vor – vorausgesetzt, die Zutaten haben alle etwa die gleiche Temperatur.

HOLLANDAISE ZUBEREITEN

1. 125 ml Weißwein mit je 1 fein gewürfelten Schalotte und Knoblauchzehe, 1 TL angedrückten schwarzen Pfefferkörnern und 1 Zweig Thymian in die Rührschüssel der Cooking Chef geben und bei 140 °C, Intervallstufe 3, zum Kochen bringen. Etwa 3 bis 4 Minuten um die Hälfte einkochen lassen. Durch ein Sieb gießen, Kräuter und Gewürze wegwerfen und den Sud abkühlen lassen, bis er nur noch lauwarm ist.

2. 4 Eigelbe (Größe M) dazugeben. Den Profi-Ballonschneebesen einsetzen und die Mischung bei Geschwindigkeitsstufe 6 zu einer dick-cremigen Schaummasse aufschlagen. Dabei die Temperatur zunächst für 1 Minute auf 40 °C stellen, für 1 Minute auf 60 °C*, für 2 Minuten auf 80 °C. Auf Geschwindigkeitsstufe 5 zurückschalten, nach und nach die weiche Butter in Stückchen zufügen und 1 Minute weiter aufschlagen.

* Sobald die Temperatur 60 °C übersteigt, wird die Maschine den Rührvorgang wegen der eingebauten Sicherheitsfunktion kurz unterbrechen. Durch Drücken der P-Taste können Sie den Rührvorgang sofort fortsetzen.

3. Die Hollandaise mit Salz, Pfeffer und Zitronensaft abschmecken und sofort servieren.

WOFÜR?

Die klassische Holländische Sauce (Hollandaise)
- dient als Basis für Sauce Béarnaise
- eignet sich zum Überbacken z.B. von Gemüse
- passt zu gedünstetem und gedämpftem Fisch
- passt zu zart gegartem feinem Gemüse wie Schwarzwurzeln oder Spargel

VORTEILE MIT DER COOKING CHEF:
- Durch die exakt einstellbare Induktionshitze lässt sich ein besseres Volumen erzielen als bei der herkömmlichen Methode, der Zubereitung über dem Wasserbad.
- Der Profi-Ballonschneebesen schlägt außerordentlich viele feine Luftbläschen in die Masse, was das Volumen ebenfalls deutlich erhöht.
- Die Temperatur kann stets über die Anzeige kontrolliert werden.
- Die gleichmäßige Temperaturzufuhr verhindert zuverlässig ein Gerinnen.

ZUTATEN
für 4 Portionen

125 ml Weißwein
1 Schalotte
1 Knoblauchzehe
1 TL Pfefferkörner
1 Zweig Thymian
4 Eigelb (Größe M)
300 g weiche Butter

Benötigtes Zubehör:
Profi-Ballonschneebesen

DÄMPFEN

ZUTATEN

Aromageber
(z.B. Kräuter, Gewürze, Schalotten, Knoblauch)
Dämpfgut
(z.B. Gemüse, Fisch, Hähnchenbrust, Hefeklöße)
Eventuell Butter oder Öl zum Einfetten
des Dampfgarsiebs

Benötigtes Zubehör:
Dampfgarsieb

1. Aromageber mit etwa 1 l Wasser in die Rührschüssel der Cooking Chef füllen. Das Wasser bei 140 °C, Intervallstufe 3, zum Kochen bringen.
2. Das Dämpfgut in das Dampfgarsieb legen und dieses über den heißen Sud in die Rührschüssel einsetzen. Sollen Lebensmittel gedämpft werden, die leicht am Sieb anhaften, empfiehlt es sich, das Dampfgarsieb vor dem Einfüllen des Dämpfguts leicht mit Butter oder Öl zu bestreichen. Das gilt z.B. für Fisch, Hähnchenfleisch, Teigwaren/Teige.
3. Spritzschutz einsetzen und das Dämpfgut bei 140 °C, Intervallstufe 3, dämpfen. Die Dauer des Dämpfvorgangs richtet sich nach der Art des Dämpfguts.

WOFÜR?

Dämpfen ist eine sehr sanfte und schonende Zubereitungsart – die Vitamine im Gemüse bleiben weitgehend erhalten, Kartoffeln werden nicht wässrig, Fisch zerfällt nicht. Gedämpfte Lebensmittel sind auch besser verträglich und kalorienärmer als gebratene oder gebackene: Fisch und Hähnchenfleisch werden so ohne Fett gegart. Dämpfen eignet sich für die meisten Gemüsearten, für Fisch, Hähnchenbrust, asiatische Dämpfgerichte wie gefüllte Teigtaschen (Dim Sum, Seite 24) und süße Mehlspeisen wie Hefeklöße.

VORTEILE MIT DER COOKING CHEF:

- Die gleichbleibende Temperatur sorgt für beständig gleichmäßigen Dampf.
- Im Gegensatz zum Dampfgarer kann man in der Cooking Chef Aromageber zufügen, die dem Dämpfgut eine Extra-Portion Würze verleihen.
- Durch den integrierten Timer ist punktgenaues Garen möglich.
- Der Spritzschutz fungiert als Deckel, der den Dampf perfekt in der Rührschüssel hält.

KOCHEN

1. Die Flüssigkeit mit den übrigen Zutaten in die Rührschüssel der Cooking Chef geben. Den Spritzschutz einsetzen und Temperatur und Geschwindigkeitsstufe entsprechend Rezept einstellen.
2. Das Gericht je nach Rezept die entsprechende Garzeit kochen lassen.

ZUTATEN

Bis zu 3 l Flüssigkeit
Zu kochende Lebensmittel (z.B. Zutaten für einen Eintopf) oder Zutaten, die für einen Fond/eine Brühe ausgekocht werden (Suppenknochen, Suppenhuhn, Karkassen und Gemüse/Würzzutaten)

WOFÜR?

- Gekocht werden in der Cooking Chef Eintöpfe, Suppen, Fonds, Brühen.
- Die Cooking Chef ist auch perfekt geeignet zum Reduzieren von Fonds.
- Natürlich können Sie in der Cooking Chef auch einfache Gerichte kochen wie Eier, Reis, Nudeln, Kartoffeln und Gemüse. Hierzu benötigen Sie kein Rührelement und idealerweise die Einstellung Intervallstufe 3.

VORTEILE MIT DER COOKING CHEF:

- Durch die exakte Temperaturregulierung kocht das Kochgut zuverlässig bei gleichbleibender Temperatur.

MASSE KALT AUFSCHLAGEN

1. Den Profi-Ballonschneebesen in die Cooking Chef einsetzen.

2. Die aufzuschlagende/n Zutat/en in die kalte Rührschüssel einfüllen. Bei Biskuitmassen zunächst Eier und Zucker dickcremig schlagen, dann das Mehl unterziehen.

3. Die Zutat/en bei der Geschwindigkeitsstufe, die das Rezept vorgibt, aufschlagen. Bei Biskuitmassen beginnen Sie auf niedriger Geschwindigkeitsstufe und schalten ziemlich schnell bis zur Maximalgeschwindigkeit hoch.

ZUTATEN

Aufzuschlagende Zutaten (maximal 3 l; z.B. Sahne, Eiweiß, Eigelb, ganze Eier, Zutaten für Biskuitmasse)

Benötigtes Zubehör:
Profi-Ballonschneebesen

WICHTIG

Eine kalte Rührschüssel und ein kalter Schneebesen ergeben ein optimales Ergebnis. Das Aufschlagen von Massen erfolgt dank der Profi-Form des Schneebesens in kürzester Zeit. Achten Sie darauf, Sahne nicht zu lange und nicht zu schnell (max. Geschwindigkeitsstufe 3) schlagen, sie wird sonst zu Butter.

WOFÜR?

- Schlagsahne
- Eischnee
- Baisermasse (Eischnee mit Zucker)
- Biskuitmasse
- Masse für Wiener Boden (Biskuitmasse mit Fettanteil)
- Eigelb-Zucker-Schaummasse für Rührteige

VORTEILE MIT DER COOKING CHEF:

- Durch den Profi-Ballonschneebesen werden die Massen zu ihrem maximalen Volumen aufgeschlagen.
- Biskuit, Wiener Boden, Rührteige werden extrem feinporig und stabil.
- Der Zucker in den Massen löst sich schneller auf.

SCHMOREN

1. Das Koch-Rührelement in die Cooking Chef einsetzen. Das Fett in die Rührschüssel geben und bei 120 °C, Intervallstufe 3, zerlassen. Die zerkleinerten Aromageber zufügen und bei gleicher Temperatur und Intervallstufe etwa 5-10 Minuten schmoren.

2. Das je nach Rezept geschnittene Fleisch zugeben und 3-4 Minuten anbraten lassen. Die Flüssigkeit und die Würzzutaten zugeben. Die Temperatur auf 100 °C reduzieren und das Schmorgericht bei Intervallstufe 3 mit eingesetztem Spritzschutz je nach Rezept die vorgeschriebene Garzeit schmoren lassen.

3. Das Gericht abschmecken und servieren.

WOFÜR?

- Schmoren eignet sich vor allem für alle Arten von Gulaschgerichten (Seite 100) und Ragouts.
- Auch weniger zartes Fleisch und Innereien können durch langes Schmoren, bei dem das Fleisch gleichmäßig bei nicht zu hoher Temperatur auf Intervallstufe bewegt wird, weich gegart werden.
- Geeignet auch für Gemüsegerichte wie etwa klassische Schmorgurken

VORTEILE MIT DER COOKING CHEF:

- Durch die exakte Temperaturregulierung bleibt die Temperatur im Schmorgericht immer konstant.
- Durch das Rühren auf Intervallstufe brennt das Schmorgericht trotz langer Gardauer nicht an.
- Das ständige Kontrollieren des Schmorgerichts, das beim konventionellen Kochen im Kochtopf nötig ist, entfällt.
- Der Spritzschutz hält den Dampf in der Rührschüssel und trägt so zu einem gleichmäßigen Schmorergebnis bei.

ZUTATEN

Fett (z.B. 1-2 EL Butter)
Aromageber (z.B. Zwiebeln, Knoblauch)
1 kg Schmorfleisch (z.B. Gulasch vom Schwein, vom Rind, gemischt oder vom Lamm) oder Schmorgemüse
500 ml Flüssigkeit (z.B. Fond oder je 250 ml Fond und Wasser)
Würzzutaten (z.B. Kräuter, Gewürze, Essig, Wein)

Benötigtes Zubehör:
Koch-Rührelement

DIE COOKING CHEF AUF EINEN BLICK

Abbildung: Modell KM 086

DIE KÜCHENMASCHINE

Betrachten Sie Ihre Kenwood Cooking Chef als Ihren ganz persönlichen Küchengehilfen, der zuverlässig bereit steht, um Ihnen zur Hand zu gehen. Sie können der Cooking Chef fast alle Aufgaben überlassen, die Ihnen das tägliche Kochen erleichtern: Schmoren, Dünsten, Dämpfen, Kochen, Blanchieren, dabei regelmäßiges Umrühren, kaltes und warmes Aufschlagen von Massen und Teigen und vieles mehr, dabei reguliert sie zuverlässig die exakte Kochtemperatur. Sie können sich inzwischen anderen Aufgaben widmen.

INDUKTIONSKOCHEN

Die Cooking Chef zeichnet sich durch modernste Induktionstechnologie aus. Sie ist schnell und vor allem effizient, und Sie sparen somit Zeit und Energie beim Kochen. Stellen Sie sich deshalb auf insgesamt geringere Zubereitungszeiten oder niedrigere Gartemperaturen ein.

ZUBEHÖR

Im Lieferumfang enthalten ist ein mehrteiliges Zubehör-Set, darunter fünf speziell für die Cooking Chef entwickelte Rührelemente. Mit dem Flexi-Rührelement werden Saucen und Cremes gleichmäßig glatt gerührt, während sich das Koch-Rührelement hervorragend für die Zubereitung etwa von Eintöpfen oder Gulasch eignet. K-Haken, Profi-Ballonschneebesen und Profi-Teighaken sind die richtigen Helfer im Bereich Pâtisserie und für die Zubereitung von Gebäck und Brot. Dieses Kochbuch empfiehlt zu jedem Rezept jeweils das am besten geeignete Rührelement.

WICHTIGE SICHERHEITSHINWEISE

Rührschüssel, Spritzschutz und das entsprechende Rührelement sind während des Kochvorgangs und auch unmittelbar danach sehr heiß – wie ein herkömmlicher Kochtopf eben auch. Bitte denken Sie daran, dass sich beim Kochen heißer Dampf bildet. Deshalb ist stets Vorsicht geboten, wenn Sie während des Kochvorgangs oder unmittelbar danach einen Blick in die Schüssel werfen möchten oder den Deckel der Einfüllöffnung oder den Rührkopf der Küchenmaschine anheben möchten. Tragen Sie am besten Kochhandschuhe und fassen Sie die Rührschüssel nur an den Haltegriffen an. Setzen Sie die heiße Rührschüssel auf eine hitzebeständige Unterlage, so schützen Sie auch Ihre Arbeitsflächen in der Küche.

Weitere Informationen zur Cooking Chef finden Sie auch unter www.kenwoodworld.de

DIE WICHTIGSTEN EIGENSCHAFTEN

INDUKTIONSTECHNOLOGIE FÜR GLEICHZEITIGES KOCHEN UND RÜHREN

Modernste Kochtechnologie in der Küchenmaschine - für sicheres, energiesparendes und exakt regulierbares Erhitzen, in 2-Grad-Schritten von 20 °C bis 140 °C einstellbar, mit perfekten Ergebnissen. Sie stellen einfach die gewünschte Rühr-Funktion während des Kochvorgangs ein und können sich dann anderen Aufgaben widmen.

TIMER

Die Zeiteinstellung ist von 5 Sekunden bis zu 3 Stunden möglich, mit Vorwärts- oder Rückwartszähler.

STUFENLOSE GESCHWINDIGKEITS-REGELUNG MIT INTERVALL-RÜHRFUNKTIONEN

Unterschiedliche Rührfunktionen bieten für jedes Gericht, für jeden Teig, das richtige Verfahren: Drei verschiedene Intervall-Rührstufen ersetzen das „Ab-und-Zu-Umrühren" der konventionellen Art. Sie müssen nicht mehr neben dem Kochtopf stehen.
Stufenlos einstellbares kontinuierliches Umrühren garantiert, dass jedes Gericht perfekt zubereitet wird, während Sie anderen Tätigkeiten nachgehen oder sich Ihren Gästen widmen.

SICHERES RÜHREN UND KOCHEN

Zu Ihrer Sicherheit liegt bei einer Temperatur von 60 °C oder darüber die maximale Rührgeschwindigkeit bei Stufe 1. Zum kontrollierten Steigern der Rührgeschwindigkeit bei Temperaturen über 60 °C drücken Sie einfach die P-Taste und schon können Sie die Rührgeschwindigkeit beliebig erhöhen.

PROFI-RÜHRELEMENTE ZUM RÜHREN UND KOCHEN

Die eigens für die Cooking Chef entwickelten Rührelemente: K-Haken, Profi-Ballonschneebesen, Koch-Rührelement, Flexi-Rührelement und Profi-Teighaken unterstützen Sie während der gesamten Speisenzubereitung.

RÜHRSCHÜSSEL

Speziell für die Cooking Chef entwickelte Rührschüssel zum Rühren und Kochen: maximale Arbeitsmenge 6,4 l für planetarisches Rühren und auf 2 °C genaues Kochen bei bis zu 3 Litern Inhalt.

DAMPFGARSIEB

Die Hitze fließt schnell und effizient durch das Dampfgarsieb aus Edelstahl, die Gerichte werden behutsam, vitaminschonend und nach Belieben völlig ohne Fett gegart. Sie können den Einsatz wie einen herkömmlichen Dampfgarer verwenden, zur Zubereitung von Gemüse, Huhn, Fisch, Meeresfrüchten oder auch Desserts.

RÜHRELEMENTE UND ZUBEHÖR

DIE FÜNF PROFI-RÜHRELEMENTE

Profi-Teighaken, Profi-Ballonschneebesen, K-Haken, Flexi-Rührelement und Koch-Rührelement sind die richtigen Helfer für alle Mix- und Rühraufgaben – von der Zubereitung von Teigen für Kuchen, Kekse, Weihnachtsgebäck oder von Hefeteig für süßes Gebäck und Brot, über das Rühren von Suppen, Eintopf- und Fleischgerichten bis zum Schaumigschlagen von Eiern oder Eischnee, Suppen, Saucen, Soufflé- oder Baiser-Massen oder für warm oder kalt geschlagene Mousses.

Die Cooking Chef zeichnet sich durch ihr planetarisches Rührsystem aus. Dabei läuft das jeweilige Rührelement gleichmäßig am Innenrand der Schüssel entlang, während es sich gleichzeitig um die eigene Achse dreht. Dadurch wird sichergestellt, dass alle Bereiche der Schüssel erreicht und alle Zutaten vollständig und gleichmäßig verrührt werden.

RÜHRELEMENTE VOR DEM ERSTEN GEBRAUCH RICHTIG EINSTELLEN

Für optimale Ergebnisse ist es wichtig, dass die Justierung der Rührelemente vor dem ersten Gebrauch einmalig geprüft und ggf. optimiert wird. Dies können Sie ganz einfach selbst durchführen:

1. Die Mutter am Rührelement lösen
Mithilfe des mitgelieferten Kenwood Schraubenschlüssels die Mutter am Schaft des Rührelements lösen. Die Drehrichtung entspricht der Richtung entgegen dem Uhrzeigersinn, ähnlich wie beim Öffnen einer Wasserflasche. Danach kann der Schaft in der Höhe justiert werden, indem dieser in das Rührelement hinein- oder herausgedreht wird.

2. Abstand zur Rührschüssel einstellen
Prüfen Sie mithilfe eines Blattes Papier, ob die Rührelemente die richtige Höhe haben, indem Sie das Blatt auf dem Boden der Rührschüssel positionieren:

Profi-Ballonschneebesen, K-Haken und Koch-Rührelement: Die beste Leistung mit diesen drei Rührelementen erzielen Sie, wenn diese den Boden der Rührschüssel fast berühren und das Blatt Papier leicht streifen. Somit wird garantiert, dass auch kleinste Mengen, wie etwa ein einziges Eiweiß, mit dem Profi-Ballonschneebesen perfekt aufgeschlagen werden.

Profi-Teighaken: Hier sollte der Abstand zum Boden der Rührschüssel etwa 3-5 mm betragen, um die bestmöglichen Knetergebnisse zu erzielen. Das Blatt Papier sollte also nicht berührt werden.

Flexi-Rührelement: Die Gummilippe sollte direkten, leichten Kontakt mit Boden und Wänden der Rührschüssel haben und demzufolge auch das Papier mitbewegen. Somit wird garantiert, dass auch sämige Zutaten optimal verrührt werden.

3. Die Mutter wieder fixieren
Nachdem der Schaft in die richtige Höhe gebracht wurde, fixieren Sie die Mutter wieder mit Hilfe des Schraubenschlüssels.

WOZU BENUTZT MAN WAS?

PROFI-TEIGHAKEN

Der Profi-Teighaken nimmt Ihnen die schwere Arbeit beim Kneten des Brotteigs einfach ab. Mühelos und schnell mischt er erst alle Zutaten zu einer weichen Masse und knetet diese dann zu einem geschmeidigen Teig – egal ob für Brot, Brötchen, Pizza oder süße Mehlspeisen. Das Zusammenspiel von planetarischem Rührsystem und Profi-Teighaken gewährleistet, dass Sie einen glatten und elastischen Teig erhalten.

Zum anfänglichen Mischen der Zutaten zunächst die niedrigste Geschwindigkeitsstufe wählen und anschließend zum Kneten des Teigs auf Geschwindigkeitsstufe 2-5 erhöhen.

PROFI-BALLONSCHNEEBESEN

Mit dem Profi-Ballonschneebesen aus Edelstahl werden unzählige kleinste Luftbläschen in Teige und Massen wie etwa Eiweiß eingebracht – sie werden zu ihrem maximalen Volumen aufgeschlagen. Diese Methode verleiht Baisers, Schlagsahne, Soufflés, Mayonnaise und Kuchen eine leichte, lockere Konsistenz.

TIPP: Schlagen Sie Sahne maximal bei Geschwindigkeitsstufe 3, bis sie sanfte Spitzen formt. Schlagen Sie die Sahne nicht zu schnell, damit sie nicht zu Butter wird.

K-HAKEN

Bei der Zubereitung von süßen und pikanten Speisen ist die Hilfe des K-Hakens von unschätzbarem Wert. Zusammen mit dem planetarischen Rührsystem stellt die Form des K-Hakens sicher, dass alle Bereiche der Rührschüssel erreicht werden – beim Mischen cremiger Teigmixturen ebenso wie beim Rühren von Füllungen. Ideal ist der K-Haken geeignet für Streusel, Mürbeteig und das Mischen von Teigen für Lebkuchen, Honigkuchen und fertige Backmischungen.

FLEXI-RÜHRELEMENT

Das Flexi-Rührelement mit der flexiblen Gummilippe wurde speziell für die Zubereitung von Cremes, Saucen, Brandteig oder mit Speisestärke gebundene Saucen wie Béchamelsauce entwickelt. Ideal ist es auch für die Zubereitung von Risotto, Marmelade, Milchreis und das Temperieren von Schokolade geeignet. Dank der abnehmbaren Gummilippe ist das Flexi-Rührelement leicht zu reinigen. Es gibt eine schwarze und eine graue Gummilippe. So können Sie eine Gummilippe für Geruch und Farbe abgebende Zutaten verwenden (etwa Knoblauch und Rote Bete) und die andere für „neutrale" Zutaten bzw. Süßspeisen.

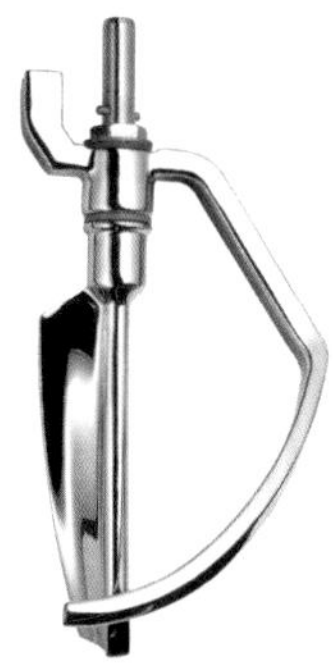

KOCH-RÜHRELEMENT

Das Koch-Rührelement wurde ebenfalls speziell für die Cooking Chef entwickelt und übernimmt die Funktion des klassischen Kochlöffels. Das Rührelement läuft am Schüsselrand entlang und verrührt und bewegt dabei vorsichtig die Zutaten in der Rührschüssel, auch über einen längeren Zeitraum hinweg. Damit bleibt die Konsistenz des jeweiligen Gerichts bewahrt, und Sie erzielen perfekte Kochergebnisse. Das Koch-Rührelement übernimmt sozusagen die Arbeit, die bei der Zubereitung von Eintöpfen oder Gulasch anfällt. Es vermengt die Zutaten ganz behutsam, ohne sie zu zerdrücken. Das Koch-Rührelement eignet sich auch gut, um größere Gemüsemengen kurz anzubraten. Die Zutaten werden angehoben und untergehoben, was für ein gleichmäßiges Anbraten von allen Seiten sorgt. Flüssige und feste Bestandteile eines Eintopfgerichts oder Ragouts, wie etwa Brühe, Gemüse und Fleisch, werden vom Koch-Rührelement gleichmäßig verteilt.

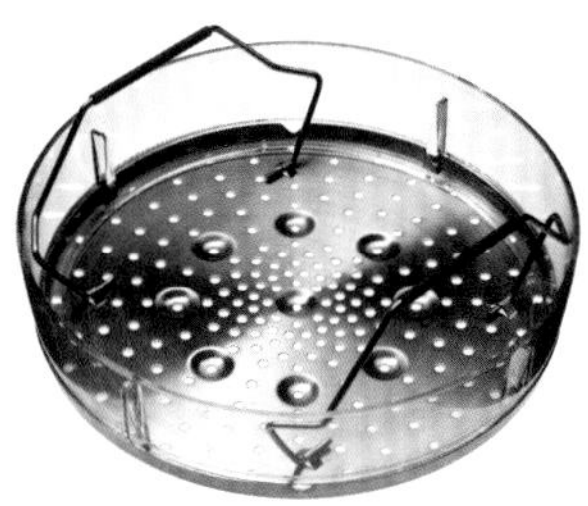

DAS DAMPFGARSIEB

Mit dem Dampfgarsieb wird die Cooking Chef noch vielseitiger. Mit dem eingesetzten Edelstahlsieb in der Rührschüssel lassen sich Gemüse, Geflügel, Fisch, Meeresfrüchte und Desserts wie in einem herkömmlichen Dampfgarer zubereiten.

GLAS-MIXAUFSATZ*

Der Glas-Mixaufsatz eignet sich zum Pürieren, Zerkleinern und kräftigen Vermischen verschiedenster Zutaten, wie Suppen, Dips, Eiswürfeln. Mit seinen extrem scharfen, bei hoher Drehzahl rotierenden Messern aus Edelstahl werden die Zutaten entweder fein geschnitten oder zu einer gleichmäßigen Masse verarbeitet. Die maximale Füllmenge beträgt bei kalten Zutaten 1,6 Liter, bei heißen Zutaten 1,2 Liter.

MULTI-ZERKLEINERER*

Dieses Zubehörteil ist sehr vielseitig. Innerhalb von Sekunden entstehen aus Früchten köstliche Fruchtpürees. Es kann gemixt, geraspelt, gerieben und geschnitten werden. Der Multi-Zerkleinerer enthält ein Edelstahlmesser zum Mixen, Häckseln, Hacken und Pürieren etwa von Fleisch, Fisch, Nüssen, Obst und Gemüse.

Des Weiteren sind sechs verschiedene Arbeitsscheiben im Lieferumfang enthalten. Diese können anhand der eingravierten Nummern ganz einfach identifiziert werden:

Scheibe Nr. 1
Raspel-/Parmesanscheibe. Zum Raspeln von Parmesankäse, rohen Kartoffeln etc.
Scheibe Nr. 2
feine Reibe. Für Käse, Schokolade, Nüsse und festes Obst oder Gemüse.
Scheibe Nr. 3
grobe Reibe. Für Käse und festes Obst oder Gemüse.
Scheibe Nr. 4
dünne Schneidscheibe für dünne Scheibchen. Für Käse und festes Obst oder Gemüse.
Scheibe Nr. 5
dicke Schneidscheibe für dicke Scheiben. Für Käse und festes Obst oder Gemüse.
Scheibe Nr. 6
Schnitzelscheibe (Julienne) für Gemüsestreifen. Für feine Streifen von Gemüse wie Karotten, Gurken, Kartoffeln, Rüben.

* Nicht bei allen Modellen der Cooking Chef standardmäßig enthalten.

MULTI-PRO-ANSCHLUSS

NIEDRIGDREHZAHL-ANSCHLUSS

HOCH-GESCHWINDIGKEITS-ANSCHLUSS

PLANETAR-ANSCHLUSS

RÜHRELEMENTE UND ZUBEHÖR (OPTIONAL)

4 MOTORBETRIEBENE ZUBEHÖRANSCHLÜSSE FÜR MAXIMALE VIELSEITIGKEIT

Das Geheimnis der Vielseitigkeit der Kenwood Küchenmaschinen besteht in den motorbetriebenen Zubehöranschlüssen. Sie sind außerdem der Garant für die optimale Behandlung der unterschiedlichen Lebensmittel. Sie zerkleinern, mixen oder rühren empfindliche Lebensmittel schonend und können dennoch kraftvoll und effizient feste oder schwere Zutaten verarbeiten.

NIEDRIGDREHZAHL-ANSCHLUSS

Hohe Leistung bei niedrigen Geschwindigkeiten garantiert perfekte Ergebnisse bei der Verarbeitung empfindlicher Lebensmittel.

Getreidemühlen (AT941A / SM900)

Zum Schroten und Mahlen von Getreide und Hülsenfrüchten. Entweder mit Stahlmahlwerk (auch für Ölsaaten) oder mit Mahlwerk aus Vulkanstein für feinste Ergebnisse, jeweils mit stufenloser Einstellung des Mahlgrads.

Trommelraffel (AT643)

Zum Schneiden, Raffeln und Reiben – mit 5 verschiedenen Einsatztrommeln. Ermöglicht durch die besonders langsame Rotation der Trommeln auch die Verarbeitung sensibler Zutaten wie Käse oder Schokolade, weil weniger Reibung und Hitze entstehen.

Spritzgebäckvorsatz (AT462)

Unverzichtbar in der Weihnachtsbäckerei: Metallschablone mit vier Formen. Verwendbar in Kombination mit Fleischwolf AT 950B.

Beerenpresse (AT644)

Zur einfachen und komfortablen Herstellung vitaminreicher Säfte und Fruchtpürees aus weichen Obstsorten. Die niedrige Drehzahl ermöglicht eine schonende Verarbeitung und sichert auf diese Weise weitestgehend den Erhalt der wichtigen Vitamine und Enzyme.

Fleischwölfe (AT950B / AT955)

Zum Verarbeiten aller gängigen Fleisch- und Fischsorten, aber auch von Nüssen und Gemüse. Profiqualität mit Edelstahlmesser, Metalltablett und Metallschnecke, vollständig ausgestattet mit 3 Lochscheiben. Ein Spritzgebäckvorsatz ist optional erhältlich.

Profi-Pasta-Walze (AT970A)

Für Lasagne und Profi-Pasta-Schneidaufsätze für Tagliatelle, Tagliolini, Trenette oder Spaghetti. Für die einfache Herstellung von Nudelplatten und deren Weiterverarbeitung in verschiedene Nudelspezialitäten. Aus Edelstahl.

Nudelpresse Pasta Fresca (AT910)

Edelstahl-Nudelpresse inklusive Rigatoni-Einsatz. Erweiterbar um Bronze-Einsätze für 12 verschiedene Nudelsorten und Spritzgebäckvorsatz. Der Nudelteig wird gleich in die gewünschte Nudelart gepresst.

MULTI-PRO-ANSCHLUSS

Mittlere Geschwindigkeit und Leistung sichern optimale Ergebnisse mit dem Multi-Zerkleinerer

Multi-Zerkleinerer für Titanium-Modelle und Cooking Chef (AT647)

Das vielseitige Zubehör zum Pürieren von Saucen, zum Mixen, Raspeln, Reiben und Schneiden. Mit Edelstahlmesser und 6 Edelstahl-Arbeitsscheiben sowie einer Julienne-Scheibe.

PLANETAR-ANSCHLUSS

Innovative Mikroprozessor-Steuerung des Motors ermöglicht in allen Geschwindigkeitsstufen die optimale Leistung für das planetarische Rühren, Kneten und Mischen. Für kleinste Mengen wie für schwere Teige.

Passier-Aufsatz (AT930A)

Zur leichten Herstellung von Apfelmus, Kartoffelbrei, Saucen, Gemüsepüree, Babynahrung und Marmelade. Ausgestattet mit Siebeinsätzen für vier verschiedene Texturen zum Passieren.

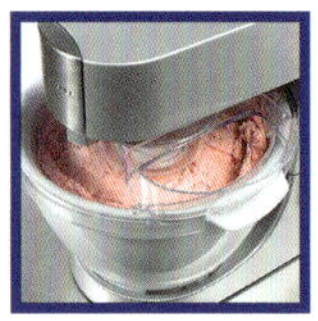

Eisbereiter-Aufsatz (AT957A)

Ganz einfach köstliches Speiseeis selber machen. Mit dem vorgekühlten Thermobehälter gefrieren die Zutaten nach und nach, ständiges Rühren verhindert die Kristallbildung.

Kartoffelschäler (AT445)

Das praktische Zubehörteil zum schnellen und einfachen Schälen von Kartoffeln und Gemüse. Mit großem Behälter mit Raspelzähnen, einfach zu installieren, leicht zu reinigen.

Edelstahl-Koch-Rührschüssel mit Griffen für Cooking Chef (37575)

Hochwertige Zweitschüssel aus Edelstahl mit Hitzeschutz-Griffen. Hochglanzpoliert, spülmaschinenfest. Kapazität 6,7 l, Kochen: 3 l Kapazität.

Unterheb-Rührelement (AT512)

Erlaubt das Unterheben von schwereren Zutaten ohne die Luftigkeit zu vermindern. Perfekt geeignet zur Herstellung von Mousse, Macarons und Soufflés. Spülmaschinenfest.

HOCHGESCHWINDIGKEITS-ANSCHLUSS

Hohe Geschwindigkeiten bringen starke Leistung zum Mixen, Schnitzeln, Zerkleinern und Entsaften.

Würfelschneide-Zubehör (MGX400)

Das Würfelschneide-Zubehör eignet sich ideal für die Zubereitung von Gemüse-, Käse- und Fleischwürfel. Die Würfel- und Schneidscheibe bestehen aus Edelstahl und schneiden 10 mm große Würfel. Mit komfortablem Auswurf des Schneidgutes.

Zitruspresse (AT312)

Zum Auspressen von kleinen und großen Zitrusfrüchten. Einfach und schnell werden mit dem rotierenden Acryl-Presskegel Zitrusfrüchte aller Art zu leckeren und vitaminreichen Säften verarbeitet.

Schnitzelwerk (AT340)

Reibt, schneidet und raspelt Gemüse und Salate schnell, einfach und sicher. Mit 7 Arbeitsscheiben aus Edelstahl, inklusive Kartoffelreibscheibe. Selbst anspruchsvolles Schnittgut kommt gleichmäßig und schnell aus dem komfortablen Auswurf.

Profi-Entsafter (AT641)

Für das komfortable Entsaften von Obst und Gemüse. Optimal geeignet für große Mengen aufgrund der weiten Einfüllöffnung. Mit 1-Liter-Saftbehälter, 1-Liter-Tresterbehälter und Edelstahlsieb.

1,6 l ThermoResist Glas-Mixaufsatz (AT358)

Zerkleinert Eiswürfel und verarbeitet Obst und Gemüse. Ideal zum Mixen von sehr heißen und sehr kalten Zutaten durch temperaturresistentes Glas. Zerlegbar und spülmaschinengeeignet.

Kräuter- und Gewürzmühle (AT320B)

Zerkleinert Kräuter und Gewürze, mixt Saucen und Salat-Dressings, Babynahrung und vieles mehr. Mit hochwertigem Edelstahlmesser für den täglichen Einsatz bei kleinen Mengen. Komplett mit 4 Glasbehältern mit luftdicht verschließbaren Deckeln.

Die Bezugsquellen der Zubehörteile finden Sie über das Händlerverzeichnis unter:
www.kenwoodworld.de

Liebe Leserinnen und Leser,
Ihre Meinung ist uns wichtig – bitte senden Sie uns
Ihre Fragen, Anregungen, Kritik oder Ihr Lob.

Wir freuen uns auf Ihre Nachricht an:

Kenwood Infoline:
Montag bis Freitag: 9 - 18 Uhr
Telefon: 0 180 / 2000 422
(0,06 Euro / Anruf aus dem dt. Festnetz
max. 0,42 Euro / Min. aus dem Mobilfunknetz)

E-Mail: kenwood@delonghi.de

KENWOOD
CREATE MORE

IMPRESSUM

Herausgeber:

KENWOOD
CREATE MORE

De'Longhi Deutschland GmbH
Geschäftsbereich Kenwood
Geschäftsführer: Helmut Geltner
Carl-Ulrich-Straße 4
63263 Neu-Isenburg
E-Mail: kenwood@delonghi.de
Internet: www.kenwoodworld.de

Druck und Bindung:
aprinta druck GmbH
Senefelderstraße 3-11
86650 Wemding

Rezepte: Johann Lafer,
Andreas Neubauer, Manuel Weyer
Foodstyling: Andreas Neubauer
Grafisches Konzept & Fotografie: Mathias Neubauer
DTP & Satz: Lars Bothe, B'Sign
Texte & Redaktion: Dorothea Steinbacher, Ising am Chiemsee

ISBN 9 783000 431814
Erscheinungsdatum Februar 2014 (1. Auflage)